Child-care psychology for children and teachers

保育の心理学

育ってほしい10の姿

編集

片桐正敏　　藤本　愉　　川口めぐみ
北海道教育大学旭川校　旭川大学短期大学部　東京未来大学

中山書店

序

　本書は，保育士資格および幼稚園教諭免許取得のために必要な心理学関連科目のテキストとして作られた．本書は，これまでの保育の心理学のテキストとは構成が異なり，乳幼児期の発達でも，特に「幼児期の終わりまでに育ってほしい10の姿」からみた子どもの心と身体の発達について，現行の保育所保育指針および幼稚園教育要領に基づいた，理論と実践の往還を意識した内容となっている点で他に類を見ない特徴をもつものとなっている．

　誤解を受けないように前置きしておくと，幼児期の終わりまでに育ってほしい10の姿が保育のゴールではないということである．保育という実践は，「何かを教え込もう」とか，「集団活動ができるように特定のスキルを身につけさせる」というものではない．保育とは，**安全な保育の場で大人から温かく見守られている安心感・信頼関係のなかで，子ども自身が「楽しい」「やりたい」と思うことを自分で考えて行動する「自律の芽」**を育み，心と身体を育むことである．私の専門は特別支援教育なのだが，学習の遅れが疑われる幼児に対して「小学校に入るまでに読み書きをしっかり教えたほうがいいでしょうか」と保育者から相談を受けることがある．私は「今から読み書きの訓練をすると勉強嫌いになってしまうかもしれません．今すべきなのは，好きなことを存分にさせて，そのなかから学ぶ楽しさを味わう経験をさせてほしい」と伝えている．遊びのなかには文字や数字が溢れている．子どもが大好きな絵本もきっとあるはずである．自分の好きなことを自発的に行い，それを繰り返しすることで，きっと「もっと知りたい」という気持ちが膨らむはずである．保育者は，「子どものやりたいこと」の邪魔をせず，応援したり，時々一緒に関わったり，お手伝いをして，子どもの意欲や可能性を引き出すような関わりを心がけるべきである．保育の現場は，「小学校に行くための訓練の場」では決してないことを肝に銘じたい．

　本書は，主に発達心理学に関する領域の新しい研究知見も取り込んだ専門的な内容を扱いつつも，こうした研究知見が実際の保育ではどのように関係しているのか，具体的な事例やイラストも交えてわかりやすく記述されている．コラムでは，子どもの発達や保育実践に参考となるトピックスを紹介している．授業で学んでいくなかで「実際の保育ではどうなっているのだろう」という疑問について議論するポイントも挙げている．さらなる疑問について学習を深めたい場合は，章末の文献欄をご参照いただきたい．そして，授業が終わり，学生が卒業後に保育現場で活躍するなかでも，折に触れて本書を見返して実践の手がかりを得られるよう，末永く使われることを願っている．

　最後に，本書の企画から出版まで多大なるご厚意（叱咤も含め）を寄せていただいた中山書店の鈴木幹彦氏に，心より感謝申し上げる．

2022年3月

北海道教育大学旭川校教育発達専攻教授
編者を代表して　片桐正敏

目 次

執筆者一覧

［編集 / 執筆］

片桐 正敏 .... 2 章 4・6・7
北海道教育大学旭川校 教育発達専攻

藤本 愉 .... 1 章 1，3 章 8・11
旭川大学短期大学部 幼児教育学科

川口 めぐみ .... 3 章 9・12，4 章 13
東京未来大学 こども心理学部

［執筆］

岸 靖亮 .... 1 章 2
豊岡短期大学 こども学科

東恩納 拓也 .... 1 章 3
東京家政大学 健康科学部リハビリテーション学科

保坂 和貴 .... 2 章 5
秋田大学 教育文化学部

松﨑 泰 .... 3 章 10
東北大学 加齢医学研究所

田口 禎子 .... 4 章 14・15
駒沢女子短期大学 保育科

はじめに

「子どもがかわいいから保育は楽しい！」
―心理学から見る子どものこころとすがた―

心理学とは

　心理学というと，「カウンセリング」などといった臨床心理学を思い浮かべる人が多いかもしれません．はたまた，「人の心を読む」とか「性格を知る」ための学問であると思っている人もいるでしょう．私は心理学者の端くれで，実践もしています．学校現場でカウンセリングをしたりしていますが，人の心を読めません．他人の性格もまったくではないですが，わからないことも多いです．大人も，まして子どもの心は皆目見当もつきません．実の子どもですら，何を考えているのかわからないですし，娘や息子の性格をわかったつもりでいたけれど，むしろたいしてわかってなかったことに気づくことすらあります．

　心理学者は，よくわからない心をわかるための方法を色々考えてきました．一つは，見えたり，感じたりするものを評価し，ものさしで測ろうとする方法です（もちろん定規ではなく「指標」と呼ばれたりします）．こうした（物理的な）ものは，ひとまず真実ですので，それを記録したり計測したりできます．つまり，人の動き（動作の数のほか，行動の速さや形，言葉のほか，血圧や脳から出ている電気信号など）を調べる，ということをします．

　もう少しわかりやすい例を示します．ある人の目の前にケーキを置いて「ケーキを食べたいですか？」と聞き，「はい」と答えたら，その人はケーキを食べたいと思っている，答えなくても，ケーキを食べたらその人はケーキを食べたいと思っていた，ということになります．当たり前の話ですが，かなりその人の心を推論することができます．でも，もしかしたら嘘をついているかもしれませんし，無理やり食べたのかもしれません．たとえば，他の人から「あの人は甘いものが食べられない」といった証言が出てきたりすると，『本当は食べたくないけれど，なにかの理由で「はい」と答えた』と言っている可能性も出てきます．

通常，私たちは質問に対する回答は真実だと考えてデータを扱います．質問紙で回答をしてもらうときも「書いてあることは嘘ばかりだ」と思ってデータを扱いません．しかし，念のため回答が嘘かどうかを調べる項目も紛れ込ませることもあります．特に子どもの場合は要注意です．嘘を言っていないかもしれませんが，よくわからずに「はい」と答えたり，後述する肯定バイアスが働いている場合もあります．近年は「自由エネルギー」理論といった，物理法則に当てはめて心の働きを考える試みもありますが，いずれにせよ，人から得られた言葉なり動きなり，何らかの形で数えたり測定することができる行動データを扱っています．

　このように書いてしまうと，なんだか味も素っ気もないですが，やはり人の心がわからない以上，目に見える行動から読み取るしかありません．私には3歳の息子がいます．彼の笑顔を見ると，こちらも笑顔になります．ある日その息子に対して「お片付けしたら，○○しようね」と言うと，「よーし，がんばるぞー」と言って，嬉しそうにポーズを取り私に笑いかける姿を見て，「子どもってかわいいなぁ」と，つくづく思いました．ちょっとした何気ない仕草，言葉，表情……．これらはすべて目に見える行動であったり，言葉であったりします．息子が私に笑いかけるというのは，ポジティブな行動ですので，きっと「私が好きなんだな」とか「○○を楽しみにしているんだろうなぁ」などと，私は思うわけです．ところで「楽しみにしている」というのはかなり確証がありそうですが，どうして「私が好きだ」と子どもは思っているのでしょうか？　単なる親バカから見た子ども像かもしれません．目に見える行動はあくまでも結果であり，その心の背景はやはり推論するしかありません．信頼性が高い結論を導くには，ただ，一つの結果だけから導き出すのではなく，多くの結果から共通点を見つけ，根拠をもとに心を探ることで導いた結論の可能性を高めるしかありません．先程のケーキの例も，一回だけ食べただけでは確実なことは言えないですが，毎日同じ状況を設定して，そのたびにケーキを食べていたら，まず嫌いではない，ということはかなりの確証をもって言えるかもしれません．加えて，「あの人は甘いものが好き」という情報があればより確度が高まります．とはいえ，やはりあくまでも推論であって，確実ではなく，可能性が高まったに過ぎません．心理学では，こうした可能性を統計学の概念を用いて表したりすることもあります．

子どものこころとすがたを理解する

　先程私は，自分の内的な感情や言語的表現を述べました．こうしたものは，子どもも同様に感じたり表現したりするのでしょうか？　心理学では，実際は始めから自分でそう感じたり表現したりするわけではなく，自分の外側から，すなわち他者によって形成されている，という考え方があります．たとえば，私が息子に感じた「かわいい」という感情や言語表現についてですが，みんなが「かわいい」と言うから「かわいい」と思ったり，感じたりするということです．みなさんも小さいものや，それこそ，ピンクとか，ただの色に対してでさえ「かわいい」と言ったりしませんか？　以前，私のゼミの女子学生があるものについて「かわいい，かわいい」というので見てみたら，「先生もかわいいと思いません？」と聞かれ，「そうだね，かわいいね」と，今までそんなにかわいいと思ったことがないものをついそう言ってしまったことがあります．しかし，たとえば子どもに対しての「かわいい」という思いや感情は，ちょっと曲者です．もう少し深く考えてみましょう．

　子どもの仕草を見て，誰もが「かわいい」と思うでしょう．ですが，「かわいいと思わせるのは，子どもの戦略なのだ」と，どこかで聞いたことがあるという人もいるでしょう．「かわいい」は，文字通り感情です．そして少なからず「かわいい」ものをみたら，ほんわか，いい気持ちになります．欲しい，と思ったり，ハグしたい，と思ったり……ときには「食べちゃいたい」，「ぐちゃぐちゃになるまで抱きしめたい」といった「大事にする」という真逆の感情すらも示すことがあります．私も幼い息子を見て「食べちゃいたい！」思ったことが何度あったことか……．もちろん食べたりはしませんよ(笑)．

　発達心理学では，子どもをかわいいと感じるのは「ベビースキーマ」という概念で説明されます．コンラート・ローレンツは，人間や動物の大人の顔とそれらが幼い頃の顔とを比べると，幼いときの顔の方がかわいいと感じ，それは養育行動を引き出すためであると考えました．

　「かわいい」という現象は，確かにある側面では自分の内的なものから沸き起こった感情であるかもしれませんが，実際は内的なものよりも，意外と外的な要因から強い影響を受けていることがわかったかと思います．「そういえば生まれたての赤ちゃんって，みんなが『かわいい』と言うから『かわいい』と言っちゃうけれど，よく見たらシワシワであんまりかわいくないなぁ」と思ったりしたことはありませんか？　でもなぜか我が子だとかわいいと思ったりします．学問は，一つのことがわかると，新たに別の疑問が出

てくることがしばしばあります．実際に幼ければ幼いほどかわいいのか，小さければ必ずかわいい，と思うわけではないことは，多くの心理学者が研究して示しています．もう一つ言えば，かわいい子どもを見て「食べちゃいたい」といった二相性感情表現は，かわいいものを見たときだけに起こるとは限りません．こうしたことも立派に心理学の領域で研究されています．

　子どものこころやすがたを理解することは保育実践では重要ではあるかもしれませんが，実際には心理学の理論を現場では応用できないのではないか，と考えている人もいるかもしれません．確かに理屈（理論）と現場の実践は，時として乖離していることもあるでしょう．保育所保育指針には，重ね重ね「子どもの内面の理解」が強調されています．それには，子どもにとって安心できる環境と信頼できる保育者との関係性の構築をベースに，子どもの言動から「内面を推測」しなければなりません．内面を推測するのに役立つのは理論です．子どもの言動や周囲の環境などから子どものこころやすがたを「推測」し，子どものこころの動きに応答することが保育者には求められます．読者の多くは保育経験が浅い人でしょう．経験が豊かなほどかなり確度の高い推論が可能になりますが，保育経験がない人は，その分子どもと生活をともにしながら心の動きを感じ取るには，経験に代わる「理論」を通して子どもの姿をみることで，少しは経験の不足を補うことができるかもしれません．

　「子どもと関わりたい」と思い，幼児教育や保育，療育などの対人援助職を志している人は，子どもが好き，かわいいから，という動機が働いているのではないかと思います．もちろんご承知の通り，保育の現場は綺麗ごとばかりではありません．まさに「命を預かる」仕事です．幼い子ども相手ですので，思い通りにならないことやうまくいかないこともたくさんあります．対人援助職は「人が好き」ではないと，とても務まりません．「人」とは，子どもだけではなく，自分も含みます．自分自身のことが好きではないと，他者に優しくできませんし，なにより「嫌いな自分」を好いてくれる子どもがいるでしょうか．その一方で「子どもが好き」，「人が好き」という人にとって対人援助職はまさに天職です．保育は非常に専門性の高い仕事です．一部の政治家は保育の専門性を軽んじた言葉を発して非難されましたが，私はその報道を聞いて「一度，年少さんの担任を一日してみたら，きっと保育の専門性の高さがわかると思うのだけれどなぁ」と思ったことがありました．私も一日は自信がありません．ですから，私は毎日幼稚園の先生には尊敬と感謝の気持ちを抱きつつ，子どもを幼稚園に連れて行っています．

（片桐正敏）

第 1 章

子どもの心の発達を理解する

1

子どもの発達を理解することの意義

1 発達の定義, 発達の基本的原理

▶ 発達の定義

- 専門性をもった保育者として, 子どもたちに適切な援助を行っていくためには, 目の前にいる子どもたち一人ひとりの発達の様相を正確に把握しなければならない. そこで, 子どもの発達について理解を深めるため, 始めに発達の定義について説明する.

- 一般的に, 人間の発達とは「授精から死までの生涯にわたる時間の経過に伴って, 個体にある程度継続して起こる変化」であり, 「胎児期, 乳児期, 幼児期, 児童期, 成人期, 高齢期のすべての時期に個体に起こる多様な変化」(高橋, 2012)と定義される現象である.

高橋惠子. 発達とは. 編集: 高橋惠子, 湯川良三ら『発達科学入門[1]理論と方法』東京大学出版会. 2012, p.3-19.

- 重要なのは, 発達とは時間の経過とともに変化していく「過程(プロセス)」であり, その過程がいくつかの特徴的な段階に区分されるということである. この区分を**発達段階**と呼ぶ.

- 「発達(development)」と「成長(growth)」の2つの言葉は, ほぼ同じ意味で使われることが多いが, 厳密には2つは異なる概念である. 「発達」が主に構造的な変化(しくみの変化), すなわち質的な変化を表しているのに対し, 「成長」は量的な変化を指し示している. たとえば, 言葉の育ちにおいて, 文法を身につけていく過程を「発達」としてみなすことができる. 一方, 身長の伸びや体重の増加のように, 数や量で示すことが可能な育ちの側面を「成長」と表現することが多い.

本書では「発達」と「成長」の語をほぼ同じ意味で用いる.

図1 | 運動発達の進行方向

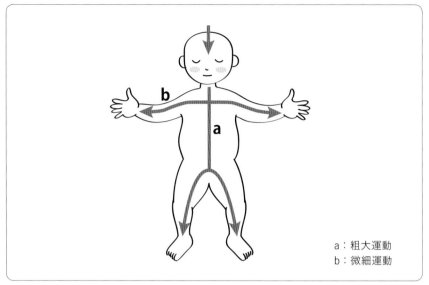

a：粗大運動
b：微細運動

（高橋道子．第2章　身体と運動の発達．若井邦夫，高橋道子ら『グラフィック乳幼児心理学』
サイエンス社．2006．p.43.）

▶ 発達の基本的原理

1» 発達の連続性と不連続性

- 人間の発達には基本的原理というべきものがいくつか存在する．一つは，発達の連続性と不連続性である．たとえば，身長や体重，頭囲や胸囲の増加のように滑らかな変化を示すものがある．これは連続的な変化である．一方，ピアジェ理論における認知発達段階のように，ある段階から別の段階に移行する過程で不連続的な発達的変化を示すものもある．不連続的な変化とは，それまでの発達段階とは異なる特徴がみられるということである．

> ピアジェの認知発達段階については，「2．認知発達理論と子ども観」と「8．思考力の芽生え－乳幼児の学びと理論」で詳しく説明する．

2» 発達の順序性と方向性

- 発達は一定の順序と方向をもって進んでいく．たとえば，運動発達の場合，「首が据わる→寝返りをする→ひとり座りをする→ハイハイをする→つかまり立ちをする→ひとり歩きをする」というように，時間的順序にしたがって進んでいく．
- また，「首が据わる→ひとり座りをする→ひとり歩きをする」といった運動発達は，頭部から尾部の方向に向かって進むものとして，**粗大運動**（「座る」「ハイハイをする」「歩く」など）から微細運動（「物を手のひらでつかむ」「物を指でつまむ」）へと向かう発達は，中心部から周辺部の方向に進む過程として理解できる（図1）．

3» 発達の個人差

- 言語，認知，運動機能，社会性などの諸側面について「この年齢の子どもならば○○をすることができる」というように，年齢ごとにおおよその発達の目安がある．たとえば，手先の器用さに関して，4歳児ならば「ひもを通したり結んだり，はさみを扱える」（厚生労働省，2008）というように，平均的な発達の姿を示すことができる．しかし，それは決してすべての4歳児にあてはまる絶対的な基準ではない．発達には個人差がある．

厚生労働省編『保育所保育指針解説書』フレーベル館，2008．

- 実際に保育所や幼稚園の4歳児クラスに入り，子どもたちの様子を観察してみると，同じ年齢であっても，一人ひとりの子どもの育ちは大きく異なっていることに気づくだろう．たとえば，制作活動の場面で，はさみを器用に扱って画用紙を上手に切ることができる子どもがいる一方で，思い通りに扱えず，きれいに切ることができない子どももいる．したがって，保育の場では，保育者は発達の個人差に配慮しながら，子どもに対する適切な援助や環境構成をしていく必要がある．

② 発達を規定する要因：遺伝と環境

- 「蛙の子は蛙」「瓜のつるに茄子はならぬ」「氏より育ち」「子は親の背中を見て育つ」など，人間の発達には遺伝的要因と環境的要因のいずれかが関わっていることを表したことわざが数多く存在する．心理学においては，人間の発達を規定する要因について，これまで大きく2つの立場から議論が交わされてきた．一つは，発達には遺伝的要因が強く影響していると考える遺伝優位説であり，もう一つは生後の環境の重要性を強調する環境優位説である．
- 発達における遺伝の優位性を強調した研究者の一人にフランシス・ゴールトン（Francis Galton）がいる．彼は進化論で有名なチャールズ・ダーウィンのいとこであり，自身とダーウィンが属している家系から，優秀な研究者

が多数輩出されていることを示し，知能や人格などの能力や特性が親から子どもへと受け継がれていくことを主張した．

- 一方，環境優位説に立つ人々は，出生してから後の生育環境や個々の経験のあり方が人間の発達に大きな影響を及ぼすことを強調した．たとえば，幼い頃に何らかの理由で養育者に遺棄された「野生児」と呼ばれる子どもたちの事例報告や，さまざまな経験を積み重ねていくなかで，人間は新たな行動を獲得し，変容させていくと主張する学習理論に基づき，環境的要因の優位性を論じた．

- 現在では，遺伝的要因と環境的要因のいずれか一方だけを強調する研究者はほとんどいない．ある遺伝的傾向をもって生まれた人間には，その傾向が高められるような環境が用意され，その環境下で多くの経験を積み重ねていくことで，もともとの遺伝的傾向がさらに高められていくというように，実際には遺伝的要因と環境的要因が相乗的に相互作用することが考えられる．このような立場を相互作用説といい，遺伝的要因と環境的要因が相互に影響を及ぼし合いながら人間の発達が進んでいくと考える．

- たとえば，外交性が高い子どもが保育所に入り，保育者やクラスの他の子どもたちと一緒になってさまざまな活動に参加することで，外交的な傾向がますます高められていくような場合は，相互作用説に基づいて理解することが可能である．

- 心理学ではふたごを対象とした双生児法という研究方法が用いられてきた．双生児は，生物学的に一卵性双生児（ペア間の遺伝子の共有割合が100%）と二卵性双生児（ペア間の遺伝子の共有割合が50%）の2つのタイプに分類される．一般的に，一卵性双生児と二卵性双生児のいずれも，出生後しばらくの間は同じ家庭のなかで育ちをともにするが（共有環境），次第に家庭以外の環境（たとえば保育所や幼稚園）で，別々に行動する時間が増えていく（非共有環境）．この前提のもと，双生児という遺伝的に類似した2人を比較することによって，遺伝的要因と環境的要因が，知能やパーソナリティの発達に対してどれほどの影響を与えているのか検討する方法が双生児法である．

- たとえば，知能の類似性について，一卵性双生児と二卵性双生児を比較するとしよう．もし，一卵性双生児間の知能の類似性が二卵性双生児間のそれよりも高い場合，そこには遺伝的要因が強く関与していると考える．

- この双生児法を用い，遺伝的要因と環境的要因（共有環境と非共有環境）の知能やパーソナリティの個人差に対する影響を実証的に検証するのが行動遺伝学という学問分野である．表1に示されているように，これまでの行動遺伝学に基づく研究によって，あらゆる側面において遺伝の影響がみられること，共有環境よりも非共有環境が及ぼす影響が大きいことが明らかになって

特定の家系に属する人々の間に，ある特性や能力がどのように遺伝していくのか調査する手法を家系研究と呼ぶ．

野生児の事例報告として代表的なものに「アヴェロンの野生児」や，シング牧師によって記録された「狼に育てられた子」があげられる．

表1 | さまざまな心理的・行動的形質の類似性と影響の強さ

		一卵性	二卵性	遺伝	共有環境	非共有環境
認知能力	学業成績	.71	.48	.55	.17	.29
	論理的推論能力	.67	.28	.68	−	.31
	言語性知能	.73	.62	.14	.58	.28
	空間性知能	.69	.28	.70	−	.29
	一般知能	.77	.49	.77	−	.23
パーソナリティ（NEO-PI-R）	神経症的傾向	.46	.18	.46	−	.54
	外向性	.49	.12	.46	−	.54
	開放性	.52	.25	.52	−	.48
	調和性	.38	.13	.36	−	.64
	誠実性	.51	.10	.52	−	.48

（参考：安藤寿康『遺伝マインド−遺伝子が織り成す行動と文化』有斐閣. 2011. p.59.）

安藤寿康『遺伝マインド−遺伝子が織り成す行動と文化』有斐閣. 2011.

いる(安藤，2011).

- これらの研究結果は，人間の行動や心理的側面の個人差は，遺伝的要因が及ぼす影響で説明できる部分が大きいとされる一方で，環境的要因の影響も決して無視はできないことを示している(特に非共有環境の影響).　人間の発達とは，極端な遺伝決定論や環境決定論では説明できない，さまざまな要因が相互に絡み合い，影響を及ぼし合っている複雑な現象である.

③　一生を通した変化：生涯発達という視点

- 人間がこの世に生を受け，死に至るまでの一連の過程でさまざまな変化を遂げていく.　このような一生を通しての発達的変化のことを生涯発達と呼ぶ.　生涯発達という考え方は，近年，人間の発達に関わるさまざまな分野で強調されるようになってきた(波多野ら，1990).

波多野誼余夫，高橋恵子『生涯発達の心理学』岩波書店. 1990.

- わかりやすい発達的変化として，「身長が伸びる」「体重が増える」「足が速くなる」「語彙が増える」など，右肩上がりの変化を示すものがあげられる.　このような変化は乳幼児期，児童期，思春期を通して続き，青年期でピークを迎える.　その後，加齢に伴って「記憶力が低下する」「筋力が衰える」など，機能や能力の衰えがみられるようになっていく.　たとえば認知機能に関しては，新しい環境に適応するために必要な思考力(記憶力や推論能力など)や情報処理能力と密接に結びついている流動性知能は青年期以降，徐々に低下し

流動性知能：fluid intelligence

[Note]

日本における双生児研究

　双生児を対象とした研究は，心理学を含む多くの分野で，長年にわたって行われてきた．日本では，1998年に発足した「慶應義塾双生児研究（KTS：Keio Twin Study）」という研究プロジェクトが，慶應義塾大学ふたご行動発達研究センターによって展開されており，行動遺伝学に基づいた双生児のデータ収集と分析が継続して行われている（例：敷島，平石，2021）．また，2009年4月に設置された大阪大学大学院医学系研究科附属ツインリサーチセンターは予防医学の観点から，470組の双生児を対象に研究を進めている．さらに，双生児研究に関心をもつ研究者の学会組織である「日本双生児研究学会」も30年以上に及ぶ活動を続けている．

　ところで皆さんは，毎年一定数の双生児を入学させている学校が日本に存在することを知っているだろうか．東京大学教育学部附属中等教育学校（以下，「東大附属」）は，双生児に関する研究・調査を進めることを条件の一つに，文部省（現在の文部科学省）によって設立が認められ，開校した1948年から現在に至るまで，在籍する双生児を対象にさまざまな研究や調査が実施されてきた（東京大学教育学部附属中等学校，2013）．東大附属は中高一貫校であり，1学年120名の定員のうち，双生児20組（40名）分の入学枠が設定されている．2013年までの65年間に924組もの双生児が同校に入学し，6年間の学校生活を経て卒業していった．この間，「双生児による人格形成」「双生児の心身発達における遺伝的要因と環境的要因の相互作用に関する研究」「青年期の双生児の人間関係に関する研究」など，数多くの研究が東大の研究者と東大附属の教員によって行われ，その成果が公表されてきた．これまで国内外で数多くの双生児研究が行われてきたが，東大附属のように，特定の学校教育施設における双生児の育ちを6年間にわたって追跡し，分析・検討を行う試みは世界的にも類を見ない取り組みである．

ていくことが明らかになっている．これらのことから，従来の心理学や教育学は，青年期における人間の姿を発達の完成形としてとらえてきた．

- しかしながら，加齢に伴ってすべての機能や能力が衰えていくとは限らない．衰えていくどころか，磨かれ伸びていく機能や能力も存在する．たとえば，「経験に基づき，熟慮して物事を判断する能力」は，若い人よりも人生経験や社会経験を積んだ中高年期の人のほうが高いことは想像できるだろう．このように，その人の経験と密接に結びついた知識や判断力に関わる知的能力を結晶性知能といい，老年期に向けて緩やかに上昇していくとされる（Horn, et al., 1966）．

- つまり，生涯発達とは主に青年期までの「右肩上がりの変化」といったポジティブな変化だけではなく，中高年期以降の「衰える」「機能が低下する」といったネガティブな変化をも含む，一生を通しての過程であるとともに，中高年期以降の人間にもポジティブな発達的変化があることを意味している．

- また，生涯発達という考え方は，それぞれの発達段階で解決しなければならない発達課題や，その発達段階にふさわしい援助の方法があることを提示する．本書で主に焦点を当てているのは乳幼児期の発達であるが，人間の発達を一生を通して理解しようとするならば，「人間の発達にとって乳幼児期にはどのような意義があるのか」「乳幼児期の発達はそれ以降の発達段階にどのような影響を及ぼすのか」という視点が導き出される．たとえば，乳幼児期における初期経験の重要性や，臨界期という概念はこれらの視点に基づいて理解できる．

結晶性知能：
crystallized intelligence

Horn JL, Cattell RB. Refinement and test of the theory of fluid and crystallized general intelligence. Journal of Educational Psychology. 1966；57(5)．253-70．

> 発達課題とは，個人が社会の一員として健やかに成長するために，各発達段階で学習しなければならない課題のことである．

> 臨界期とは，特定の行動や能力を身につけるために必要な学習や経験の効果が他の時期と比べて高い，一定の限られた期間のことをいう．

4　保育の5領域・幼児期の終わりまでに育ってほしい姿と発達の関連性

▶ 保育の5領域

2017（平成29）年3月改訂の保育所保育指針では，乳児保育のねらいと内容は5領域ではなく，「健やかに伸び伸びと育つ」「身近な人と気持ちが通じ合う」「身近なものと関わり感性が育つ」の3つの視点にまとめられている．

- 保育所や幼稚園，そして幼保連携型認定こども園における幼児教育の基準を示したものが，幼児教育関連3法と呼ばれる保育所保育指針と幼稚園教育要領，そして幼保連携型認定こども園教育・保育要領である（以下，「3法令」と呼ぶ）．3法令には，発達の過程で子どもに経験してもらいたい保育内容とそのねらいが「領域」ごとに示されており，これらは5つの視点（「健康」「人間関係」「環境」「言葉」「表現」）から構成されているので「5領域」と呼ばれる．

- たとえば保育所保育指針の場合，5領域それぞれに設定されている「ねらい」は「子どもが保育所において，安定した生活を送り，充実した活動ができるように，保育を通じて育みたい資質・能力を，子どもの生活する姿から捉え

たもの」であり，「内容」は「ねらい」を達成するために「子どもの生活やその状況に応じて保育士等が適切に行う事項と，保育士等が援助して子どもが環境に関わって経験する事項を示したもの」である（厚生労働省，2017）．

厚生労働省『保育所保育指針』，2017.

- ここで留意してほしいのは，「算数」や「国語」など，教科単位による系統的な教育が主となる小学校以上の教科カリキュラムのように，ある一つの「領域」だけを取り出して，子どもに特定の知識やスキルを教え込むものではないということである．

- 鬼ごっこという遊びを例に考えてみよう．鬼役の子どもが他の子どもたちを懸命に追いかける姿から，領域「健康」の「自分の体を十分に動かし，様々な動きをしようとする」というねらいを見てとることができる．一方，運動能力の面で年長の子どもについていけない年少の子どもたちは，すぐに鬼につかまえられて，鬼ごっこが短時間で終わってしまうことがある．そうならないように，年少の子どもたちが，運動能力に差がありながらも，年長の子どもたちと一緒に鬼ごっこに楽しみながら参加できるよう，「ごまめ」や「おみそ」といった，鬼につかまえられても鬼にならない特別ルールを子どもたち同士で話し合って設定することもあるかもしれない．すなわち，遊びにおいて年長児と年少児との関係性を調整していくという点では領域「人間関係」のねらいや内容が，子どもたち同士で話し合ってルールを決めていくという点では領域「言葉」のねらいや内容が，鬼ごっこという活動のなかに含まれていることを見い出せる．

- このようにある一つの遊びをとってみても，複数の領域が相互に関連し合いながら展開されていくことがわかるだろう．保育者の視点からすると，5領域とは特定の領域だけを取り出して指導するものではなく，領域間のつながりを意識しながら「生活や遊びを通して総合的に」保育を行っていくものである（厚生労働省，2017）．

> 教科カリキュラムとは，文化的に継承されてきた知識や技能を，教科を単位として系統的に学習するように編成されたカリキュラムのことである．

▶ 幼児期の終わりまでに育ってほしい姿

- 2017（平成29）年3月に改定された3法令では，従来の5領域に加えて，幼児期において「育みたい資質・能力」として「知識及び技能の基礎」「思考力，判断力，表現力等の基礎」「学びに向かう力，人間性等」（図2）という3つの柱と，「幼児期の終わりまでに育ってほしい姿（10の姿）」（図3）が新たに示された．特に「10の姿」は3つの柱を踏まえつつ，これまで3法令で示されてきた5領域のねらいと内容を，小学校以降の学びに円滑につなげていくために，幼児期において培っておきたい基礎的な力という観点から整理し直したものである．具体的には，幼児の自発的な活動である遊びや生活を通して，就学

図2｜幼児教育において育みたい資質・能力の整理

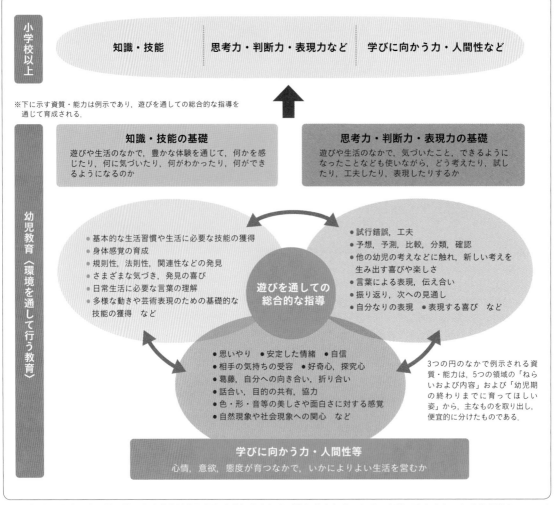

基本的な生活習慣や生活に必要な技能の獲得、身体感覚の育成、規則性、法則性、関連性などの発見、さまざまな気づき、発見の喜び、日常生活に必要な言葉の理解、多様な動きや芸術表現のための基礎的な技能の獲得　など

試行錯誤、工夫、予想、予測、比較、分類、確認、他の幼児の考えなどに触れ、新しい考えを生み出す喜びや楽しさ、言葉による表現、伝え合い、振り返り、次への見通し、自分なりの表現　表現する喜び　など

思いやり　安定した情緒　自信、相手の気持ちの受容　好奇心、探究心、葛藤、自分への向き合い、折り合い、話合い、目的の共有、協力、色・形・音等の美しさや面白さに対する感覚、自然現象や社会現象への関心　など

（中央教育審議会初等中等教育分科会教育課程部会幼児教育部会『幼児教育部会における審議の取りまとめ』文部科学省．2016.）

前の5歳児後半の段階で育まれていることが望ましい項目が「10の姿」として示されている．なお，小学校以降の教科教育のように，保育者が特定の姿を取り出して指導し，その達成の度合いを評価するものではない．5領域と同様に，「遊びを通しての総合的な指導」によって，3つの柱と「10の姿」がそれぞれ相互に関連し合いながら，一体的に育まれていくのである．

- それでは5領域と「10の姿」を踏まえたうえで，保育者は子どもの発達をどのようにとらえ，保育実践に結びつけていけばよいのだろうか．一つは**目の前の子どもが示す発達の具体的な姿をしっかりと観察しなければならない**ということである．その際，子どもと直接的に関わりながら観察する，あるいは

図3 | 幼児期の終わりまでに育ってほしい姿

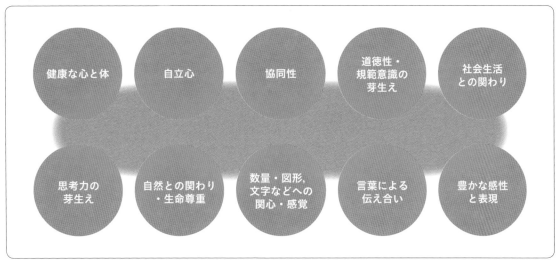

（中央教育審議会初等中等教育分科会教育課程部会幼児教育部会『幼児教育部会における審議の取りまとめ』文部科学省. 2016.）

第三者に徹して客観的に子どもを観察するなど，観察にもさまざまな方法があるが，ただ「見る」だけではなく，発達に関する専門的な知識や理論を通してこそ見えてくる子どもの姿がある．これが保育者の専門性をもった子ども理解ということである．これがなければ，保育者として一人ひとりの子どもに対する適切な援助や関わりができないことは言うまでもない．

- そして，現時点での具体的な発達の姿を把握することによって，将来的な子どもたちの発達を見通した援助が可能になる．現行の3法令に示されている3つの柱や「10の姿」は，今この時点における幼児の姿だけではなく，年長児から小学校1年生にかけての接続期教育，さらには小学校から高校卒業の段階に至るまで，長期間にわたる学びの過程を見通し，子どもたちが学校教育のなかで，主体的に学びを深めていくために必要な資質や能力としてまとめられたものである．したがって保育者は，幼児期の教育の特色である「環境を通して行う教育」によって，小学校以降の学びにつながっていくような資質や能力を培うための援助のあり方や関わり方について常に考えていく必要がある．そのためにも，今ここにある子どもたち一人ひとりの発達を把握し，理解しようとすることは，あらゆる保育実践の出発点であり，重要な営みであることを認識してほしい．

話し合ってみよう

一生を通した発達のイメージを描いてみる

　皆さんは人間の一生を通した発達をどのようにとらえているでしょうか．以下に示した 2 つのイラストは，筆者が勤務校で担当する講義において，履修学生に「人の一生における発達的変化を絵で表してみよう」という課題を与え，生涯発達のイメージを絵で表してもらったものです．なお，課題には「時間の流れ（生まれてから死に至るまで）を意識した絵にすること」「絵は必ずしも『人間』で表さなくてもよい（人間の生涯発達を別のものに置き換えてもよい）」「絵だけではなく，簡略なものでよいので，文章で絵の内容を説明する」という条件を付しています．

　2 つのイラストが示しているように，人の発達のイメージは学生一人ひとり大きく異なり，学生がそれぞれもっている発達観に大きく影響されていることがうかがえます．保育者が子どもに関わるなかで，自己の発達観がどのようなものであるかについて自覚的になることは，自身の保育実践を反省的にとらえるうえでも重要です．

　そこで，人の一生を描いた絵をお互いに見せ合い，絵の内容について説明しながら，生涯発達について考えてみましょう．

Discussion Point

▶ お互いの発達観はどのようなものになっているか？

▶ 一生のなかで乳幼児期はどのような意義をもった時期だろうか？

▶ 人生の各時期の発達的変化にどのような要因が影響しているだろうか？

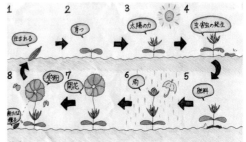

図4｜学生が描いた生涯発達のイメージ

◉ 文献
- 安藤寿康『遺伝マインド―遺伝子が織り成す行動と文化』有斐閣. 2011.
- 中央教育審議会初等中等教育分科会教育課程部会幼児教育部会『幼児教育部会における審議の取りまとめ』文部科学省. 2016.
- 波多野誼余夫，高橋恵子『生涯発達の心理学』岩波書店. 1990.
- Horn JL, Cattell RB. Refinement and test of the theory of fluid and crystallized general intelligence. Journal of Educational Psychology. 1966：57(5). 253-70.
- 厚生労働省編『保育所保育指針解説書』フレーベル館, 2008.
- 厚生労働省『保育所保育指針』2017.
- 高橋恵子. 発達とは. 編集：高橋恵子，湯川良三ら『発達科学入門[1]理論と方法』東京大学出版会. 2012，p.3-19.
- 高橋道子. 第2章 身体と運動の発達. 若井邦夫，高橋道子ら『グラフィック乳幼児心理学』サイエンス社. 2006. p.43.

◉ 学びを深めるための参考図書
- 安藤寿康『なぜヒトは学ぶのか―教育を生物学的に考える』講談社. 2018.
- イタール J.M.G. 訳：中野善達，松田清『新訳アヴェロンの野生児―ヴィクトールの発達と教育(野生児の記録7)』福村出版. 1978.
- シング J.A.L. 訳：中野善達，清水知子『狼に育てられた子―カマラとアマラの養育日記(野生児の記録1)』福村出版. 1977.
- 請川滋大『子ども理解―個と集団の育ちを支える理論と方法』萌文書林. 2020.
- 渡邉英則・大豆生田啓友『保育内容総論』ミネルヴァ書房. 2020.

◉ Noteの文献
- 大阪大学大学院医学系研究科附属ツインリサーチセンター『ふたご研究とは』https://www.med.osaka-u.ac.jp/pub/twin/futago_research/method/(最終閲覧：2022年4月4日)
- 敷島千鶴，平石界『ふたご研究シリーズ第1巻 認知能力と学習』創元社. 2021.
- 東京大学教育学部附属中等教育学校『ふたごと教育―双生児研究から見える個性』東京大学出版会. 2013.

2

認知発達理論と子ども観

学習のポイント

1. 認知発達をとらえるさまざまな視点を身につける.
2. 言語発達の仕組みについて理解する.
3. 子どもの認知発達を促す保育環境を具体的に考えることができる.

1 認知発達理論のはじまり：ピアジェの理論

- 子どもの知的発達への関心は，**ピアジェ**(Piaget, J.)の研究をきっかけに大きく発展した．ピアジェは自身の子どもを観察することで，認知機能が遺伝と環境の相互作用で発達し，その変化が段階的であることを提唱した．こうした考え方は，**均衡化理論**と**認知発達段階説**として，子どもの発達をとらえる基礎理論となっている.

▶ ピアジェの均衡化理論

- ピアジェは，子どもの自然に成熟する能力と，それを用いて積極的に環境に働きかける様子に注目し，この相互作用によって認知機能が発達していくと考えた．そして，こうした認知発達の仕組みを，**シェマ**(schema)，**同化**(assimilation)，**調節**(accommodation)という連続的な心理活動から説明している.

- シェマとは，外界を認識し，そこに働きかける知識や行動の枠組みである．たとえば，乳児は抱っこしてくれている母親の服を掴むことで，「掴む」という動作のシェマを獲得する．この乳児に玩具の人形を渡すと，すでに獲得した「掴む」というシェマに基づいて，服と同じように掴もうとする．このような既存のシェマを使って，新たに外界認識を進めることを同化という.

- 一方で乳児が服と同じ方法ではうまく人形を掴めなかったとき，掴むところを人形の手や足に限定したり，大きく手を開いて胴体を掴もうとするなど

「新しい掴み方」を獲得する．この現象を調節といい，既存のシェマでは外界
の認識や問題解決がうまくいかない場合に，そのシェマを修正して環境に適
応した理解や行動を新たに獲得することをいう．

- このように同化と調節を繰り返すことで，環境に適応したシェマを再構築す
る過程を均衡化と呼び，子どもは自ら環境に働きかけることで知性を育んで
いくとピアジェは考えた．

▶ ピアジェの認知発達段階

- ピアジェはこうした認知発達は単純な知識量の増加ではなく，質的に異なる
思考様式を獲得していく変化の過程として，感覚運動期，前操作期，具体的
操作期，形式的操作期の4つの段階を提唱した．

感覚運動期：
sensorimotor stage
前操作期：
preoperational stage
具体的操作期：
concrete operational stage
形式的操作期：
formal operational stage

1 ≫ 感覚運動期（0〜2歳）

- 新生児期から幼児期の初頭までの言語を獲得していない時期が想定されて
いる．見る・吸う・触る・掴むなどの基本的な動作や感覚を通して外界を
認識し，次第に自己と外界の関係性や，自分の行動によって外界に何が起
こるかを理解していく段階でもある．

- この時期の乳児は，環境と関わるために特定の行動を繰り返す循環反応を
行う．図1に示すように，最初は原始反射による無意図的な活動が中心とな
るが，興味の対象を自身の身体，外界へと移行しながら探索的な働きかけ
を行い，最終的には自身の行動がどのような結果につながるかという因果
関係を意識した行動を獲得していく．たとえば，玩具のガラガラを振ると
いう行動にしても，異なる振り方で違う音を出そうとするなど，動作を変
えることで結果が変わることを確認しようとする．

- 感覚運動期では，目の前にない物事や事象をイメージする心的表象が扱え
るかどうかも思考様式の特徴となる．たとえば，生後4〜8か月頃では，玩
具をハンカチなどで隠すとあたかも玩具が存在していないかのような様子

原始反射
新生児期にみられる特定の
感覚刺激への生得的な不随
意的活動を指す．通常，生
後4〜5か月頃にみられな
くなる．把握反射，口唇探
索反射，吸啜反射などさま
ざまな活動がある．

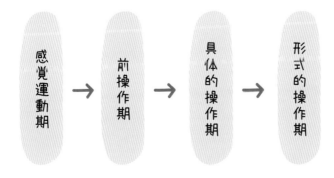

図1｜感覚運動期における活動の変化

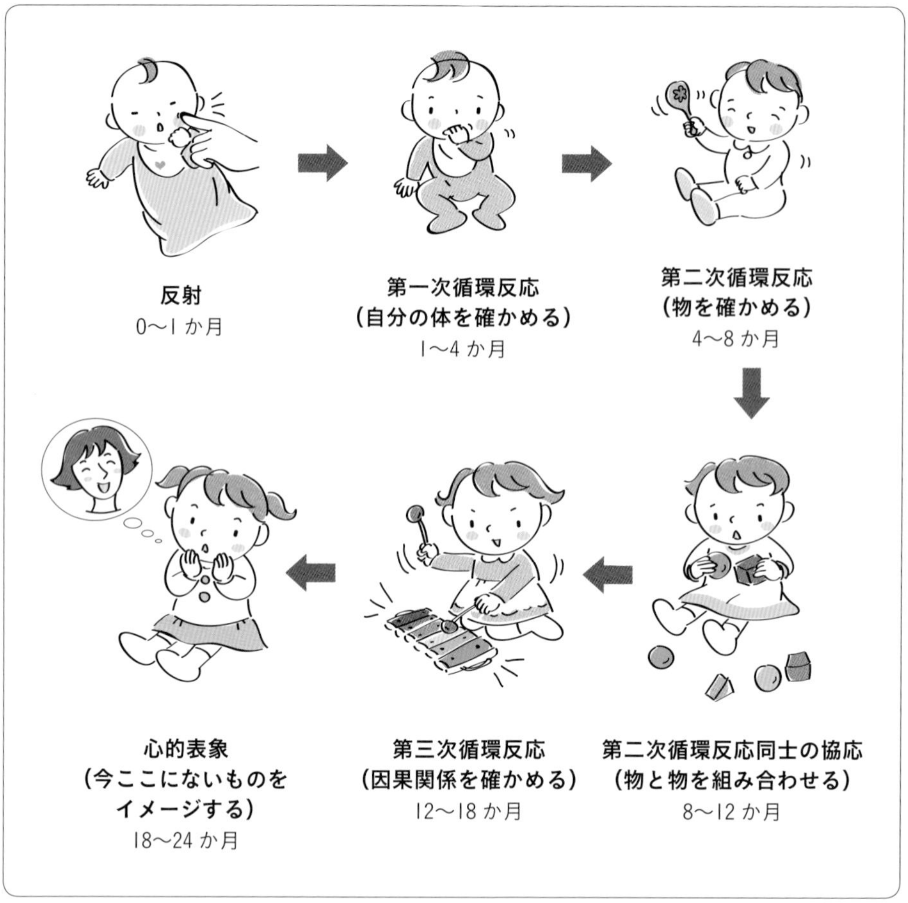

反射
0〜1か月

第一次循環反応
（自分の体を確かめる）
1〜4か月

第二次循環反応
（物を確かめる）
4〜8か月

心的表象
（今ここにないものを
イメージする）
18〜24か月

第三次循環反応
（因果関係を確かめる）
12〜18か月

第二次循環反応同士の協応
（物と物を組み合わせる）
8〜12か月

（臼井隆志，ながしまひろみ．“第3回　赤ちゃんの世界の触り方”．日興フロッギー．2018．）

永続性：object permanence

示す．これは，対象物が見えなくてもその存在を認識できるという事物の永続性が獲得されていないためである．一方，生後8か月頃には同じ状況でも自らハンカチを取り除いて玩具を見つけることから，この時期には事物の永続性が獲得されていると考えられる．また，1歳半頃には，過去に見た母親の洗濯物を畳む動作を記憶のなかからまねるなどの延滞模倣が確認される．こうして明確に表象を使った外界への働きかけが始まると，次の思考段階へ移行していく．

2» 前操作期（2 〜 7歳）

象徴的思考期：
symbolic function substage
直感的思考期：
intuitive thought substage

- 幼児期に該当し，表象や言語を用いることで，より外界認識の精度を高める時期である．しかし，表象上の情報を理論的に正しく扱う「操作（operation）」は難しく，論理的な思考は困難とされる．また，ピアジェはこの時期を，象徴的思考期と直感的思考期に分けて考えている．

図2│三つ山課題

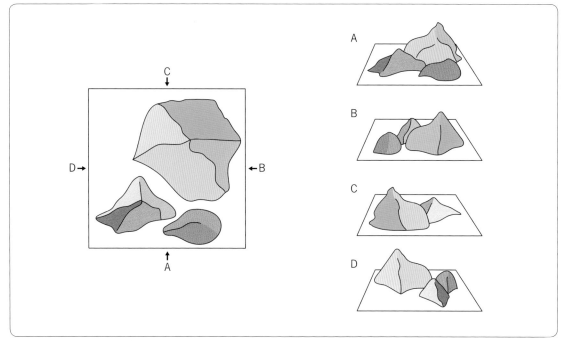

〔Piaget J, Inhelder B. La representation de l'espace chez l'enfant. Presses Universitares de France. 1948.
(Translated by Langdon FJ, Lunzer JL. The child's conception of space. Routledge & Kegan Paul. 1956)〕

- 象徴的思考期は2〜4歳頃までとされ，積木を車に見立てる「ふり遊び」や，ままごとやヒーローのまねをする「ごっこ遊び」といった，表象を利用した遊びがみられるようになる．これらは「象徴遊び」と呼ばれ，頭のなかにある表象（イメージ）を現実のものに置き換える象徴機能によるものである．このように，遊びの内容には子どもが獲得した機能が反映される．

- こうして外界認識が進む一方，まだ自分が実際に見ているもの以上に世界をとらえることは難しいという思考の未熟さもみられる．その特徴の一つが「中心化（または自己中心性）（centration）」であり，幼児は自分以外の視点がわからず，周囲の人間も自分と同じように外界を知覚していると感じる．

- ピアジェはこの特徴を明らかにするために，「三つ山課題」（図2）を実施している．4〜6歳の幼児にAの位置から山を見せ，B〜Dのほかの位置に配置した人形からは山がいくつ見えるかを尋ねると，自分が見ている山の数（3つ）をそのまま答えてしまうことが確認されている．実際の日常生活では，相手の立場で物事を判断できない，自分が知っていることは相手も知っていると考える，自分が楽しいことは相手も楽しいと思う，といった未熟な社会性として現れやすい．

- ほかにも，時計の振り子をみて「首を振ってイヤイヤしている」と思うよう

図3｜**液量の保存課題**

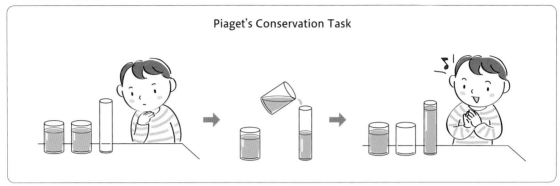

Piaget's Conservation Task

(Hynes-Berry M, McCray JS, et al. The Role of Gesture in Teaching and Learning Math. In Growing Mathematical Minds. Routledge. 2018. pp.83-108.)

に，物にも自分と同じように生命や感情があると考える**アニミズム**(animism)や，虚構と現実の区別がつかず，竜や鬼などの空想上の存在を信じる**実在論**(realism)，太陽や空のような自然物も人間が作ったと考える**人工論**(artificialism)といった思考様式をもつ．これらは自分の心理的世界を基準とした外界認識であり，中心化を反映する特徴とされる．

- 直感的思考期は4〜7歳頃であり，理性的に外界をとらえようとするが，その判断は直感的で見た目に左右される時期である．これは表象の操作が難しいだけでなく，目立つ特徴に意識が向かってしまう中心化によるものである．たとえば図3のように，同じ量の水が入った2つのコップを見せ，一方のコップの水を細長いコップに移し変えると，この時期の子どもは水かさの高いほうを見て「細いコップのほうが多い」と判断する．水の量という情報を保存できず，見た目による判断が優先されてしまうためである．ほかにも，見え方が変化すると数や重さも見誤ることがわかっている(第3章8に後述)．

- このように，前操作期は論理的思考が不十分で，物の量は新たに加えたり減らさない限り，見た目が変化しても一定であるという「**保存の概念**(conservation)」はまだ理解されない時期である．

保存の概念
➡第3章8　p.103参照

3» 具体的操作期(7〜11歳)

- 学童期にあたり，前段階では難しかった他者の視点を理解できるようになる．また，中心化の解消とともに論理的思考を身につけていき，自分の視点から離れて物事をとらえる「脱中心化(decentration)」が始まる．

- たとえば，9歳頃には三つ山課題で自分以外の位置から見える風景を説明できたり，水の量を尋ねる保存課題でも「元のコップに水を戻せば，同じ量だとわかる」といった可逆性による説明や，「狭いコップに入れたから水かさ

が高くなった」というように相補性により見た目が変わっただけであることの説明，さらには「水は増やしても減らしてもいない」といった同一性による回答が得られる．このように，見た目に影響されない正しい外界認識が可能となる．ただし，この時期の論理的思考は直接見ることのできる具体的な物に限定されており，形のない抽象的な情報の操作は，次の段階に向けて徐々に理解していく程度に留まる．

- 小学校の教育では，授業内容が具体的なものから概念的なものへ徐々に変化していき，子どもが抽象的な思考段階へとスムーズに移行できるように工夫されている．たとえば，算数では実際におはじきなどの具体物を用いて計算を学び，図形の面積も目に見える形で説明される．次第に実態が見えにくい分数や割合の計算，理科では気化や凝固などの状態変化，社会では「権利」や「民主主義」のように，概念的な理解が必要なものが授業に取り入れられていく．

- しかし，概念的な操作や理解には個人差があり，授業についていけなくなる子どもが出始める．このような現象は「9歳の壁」と呼ばれ，具体的な事象を概念化する段階でのつまずきと考えられている．

4» 形式的操作期（12歳〜）

- 中学生頃になると，抽象的な物事も含めたさまざまな情報が論理的に扱われる．目に見えない理論や概念を用いた仮説的な思考が可能で，観察して得た情報によらず，論理的に判断できる情報だけで結論を導き出せるようになる．

- たとえば，「もし〜ならば，〜になるだろう」といった**仮説演繹的思考**や，A＝B，B＝Cのような記号だけでの情報でも，A＝Cであると理解できる**命題的思考**が可能となる．実際に中学校の数学でも，負の計算や方程式，関数などの抽象的な情報が中心となっていく．

- こうした子どもの認知発達を段階的にとらえる考え方は多くの議論を生み，現在では「子どもの能力を過小評価している」，「他者との関わりという大きな環境要因を無視している」という2点を中心にさまざまな検証が行われている（第3章8に後述）．

> ピアジェが扱う発達現象は，物理学や数学，社会や道徳観まで多岐にわたる．多くの批判や検証が行われても，この先も続いていくであろう発達の議論に重要な示唆を与えている（Carpendale, et al., 2019）

② さまざまな認知発達理論：ヴィゴツキー，ワロン，ブルーナー

- ピアジェとは異なり，子どもの知的機能への影響において，環境や他者との社会的な関わりを重視したのが**ヴィゴツキー**（Vygotsky, L.S.）や**ワロン**

(Wallon, H.)，**ブルーナー**(Bruner, J.S.)といった研究者である．ここではそれぞれの理論や立場を紹介する．

▶ ヴィゴツキーの理論

- 認知発達における環境の役割として，ピアジェは物質的なものを想定している．子どもは環境に働きかけることで自然界の法則や論理性を獲得するという考え方である．ヴィゴツキーはこの点を批判し，環境はより社会的・文化的に機能することを指摘している．つまり，**発達は個人で成し遂げられるものではなく，多くの人との関わりや文化的要因を受けて形成されるものだと考え，子どもの発達における「指導者」の重要性を説いている**．

- ヴィゴツキーは，子どもへの関わりにおいて「発達の最近接領域(ZPD)」を意識した働きかけを求めた(図4)．たとえば，ある発達段階の子どもには，一人で解決できるレベルの課題がある．これは実際に顕在化している課題解決能力の水準である．一方，一人では解決できないが，大人の援助があれば解決できる少し高度な課題もある．これは潜在的発達可能水準と呼ばれる．こうした一人で解決可能なレベルと潜在的発達可能水準の差を「発達の最近接領域」といい，ここから導き出される適切な課題難易度の設定や援助が，子どもの認知発達をより促すことがわかっている．

ZPD：
zone of proximal development

- 保育場面では，保育者が子どもの遊びに少し高い難易度の仕掛けを追加すると，それは子どもにとって見通しをもって挑戦できる課題となり，自発的な興味や意欲を引き出すことにつながる．たとえば，折り紙で遊んでいる子どもに未習得の折り方が必要な作品を見せると，作成に向けてさまざまな方法

図4 | 発達の最近接領域

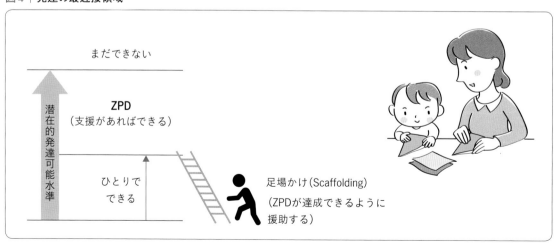

を試すだけでなく，上手くいかなくても積極的にどうやって作るのかを保育者に聞くなど，自然と知的探究を楽しむようになる．

- こうしたヴィゴツキーの理論は，子どもの発達を促すために大人が環境を整える，という重要な視点をわれわれに伝えている．

▶ ワロンの理論

- ワロンもヴィゴツキーと同様に，他者との関わりを重視する立場である．理論の特徴としては，他者との関係性が子どもの認知発達や人格形成を促すと考える点や，子どもの身体感覚に目を向けていることがあげられる．
- たとえば，乳児は空腹という身体感覚により，泣くという情動を発生させる．泣き声を聞いた親が乳児を抱きあげると，乳児は抱かれているという身体感覚により気持ちを落ち着かせる．このとき，乳児は泣くことによって親から抱いてもらう状況を引き出していると考えたワロンは，情動には他者に影響を与えようとする役割があることを見出している．さらに，乳児を抱く親にも情動が発生することで，乳児は他者と情動を交わす経験をし，喜怒哀楽の基本的な感情を獲得していくと考えた．
- 情動を軸とした発達過程を想定するワロンは，乳児の「自己意識」も他者との関わりから形成されると考えた．たとえば，空腹で泣くという情動には，生理的欲求としての意識が生じるのみだが，母乳を与えられて落ち着いた乳児と，それを見て「同じように」安心する母親は，互いに相手の意識に「共感（empathy）」する．乳児は共感から「他者の意識」を自分に取り込み，徐々に自分と他者の意識を分化させていくことで「自己意識」を確立すると考えられた．
- ワロンの理論は子どもの発達において「他者との関係性」を考慮しており，子どもが環境に対して一方的に働きかけるというピアジェの理論とは異なる．また，身体感覚，精神活動，社会環境といった多角的な視点により，一人の子どもの発達を鮮明にとらえようとしている．

▶ ブルーナーの理論

- ブルーナーは，子どもが自ら外界へ働きかけて認知機能を拡大させるというピアジェの理論を支持しつつ，そうした知的経験にはヴィゴツキーが提唱する社会的相互作用が必要だと考えた．つまり，子どもの認知発達は，大人とのコミュニケーションを通して積極的に引き出されるとする立場である．ブルーナーは大人と子どものコミュニケーションに着目し，「他者視点」や「言語機能」，「心の理論」などさまざまな機能が早期に獲得されることを報告し

図5 ｜ 共同注意

(Gillespie-Lynch K. Response to and initiation of joint attention：Overlapping but distinct roots of development in autism. OA Autism. 2013.)

ている．

- たとえば，生後2か月の乳児が母親の視線を追随していることを見出したブルーナーは，他者と特定の対象への注意を共有する「**共同注意**」を発見した（図5）（Scaif, Bruner, 1975）．具体的には，他者の視線や指差しの追随だけでなく，自ら指差しをすることで他者の注意を対象に向けさせたり，大人と対象を交互に見ることで注意を誘導する「**参照視**」が現れる．このような共同注意行動は，1歳頃には明確な伝達意図や情動の理解を伴うコミュニケーションとして発生する（Tomasello, 1995）．共同注意の発見は，子どもの他者視点がピアジェの想定よりも早く獲得されるということだけでなく，言語を習得する前にも意図や情動のやりとりが積極的に行われていることを示している．

- また，ブルーナーは，自身に生じた出来事をストーリーとして語る「**ナラティブ**（narrative）」が，子どもと大人の間で身近な談話として発生することに注目している．

- エミリーという女児を観察した研究では，2歳後半からその日の出来事が因果関係を踏まえたかたちで彼女によって説明され，そのときに自分や他者が何を感じ，何を考えたかについても話すことが確認された．こうした「話し手」である子どもが，「聞き手」である大人とストーリーを共有するために，他者の心情を疑似的に経験しそれを表現する「語り」を行うことで，他者の意図や信念を理解する「**心の理論**」を早期に獲得することがわかっている（Bruner, et al., 1989）．

- また，ヴィゴツキーの発達の最近接領域に着想を得たブルーナーは，子どもが自ら工夫して問題解決に向かうよう誘導的な支援を行う「**足場かけ**（scaf-

Scaif M, Bruner JS. The capacity for joint visual attention in the infant. Nature. 1975：253. 265-6.

参照視：referential looking

Tomasello M. Joint attention as social cognition. Moore C, et al.(Eds.). Joint attention：Its origins and role in development. Psychology Press, 1995, p.103-30.

心の理論：theory of mind

Bruner JS, Lucariello J. Narrative recreation of the world. Nelson K(Ed.). Narratives from the crib. Harvard University Press,1989

folding)」という概念を提唱している（Wood, et al., 1976）．すなわち，指導者は直接指示や手助けをするのではなく，子どもが課題に興味をもてるように参加の誘いをすることや，課題の要点を整理したり解決までの手順を実演で示すことが求められる．そして，課題中も興味や目標を見失わないように励ましつつ，子どもの発達に応じて徐々に足場を外し（fading），最後は独力で問題解決するように促す．保育現場でも，子どもが遊びを通して課題に気付き，主体的に試行錯誤できるように関わることが求められる．

Wood D, Bruner JS, et al. The role of tutoring in problem solving. Journal of Child Psychology and Psychiatry. 1976 : 17. 89-100.

- このように，ブルーナーは一貫してコミュニケーションの重要性を説いており，認知発達と言語発達の密接な関係性を想定した教育論を唱えている．

③ 言語発達理論

- 認知発達が他者とのコミュニケーションによって促されることから理解できるように，言語機能の獲得は重要な発達的要素である．この言語獲得に関する基本的な理論体系は，**チョムスキー**（Chomsky, N.）によって構築された．
- チョムスキーは，周囲の大人が正確な文法や発音に基づいて話しても正しい言葉を話さない子どもや，反対に大人の話し方が不正確でも正しい言葉を身につける子どもがいることに着目し，言語の習得は単純な学習や模倣ではなく，生得的に言語を身につける「**言語獲得装置（LAD）**」によるものだと考えた．チョムスキーは，人間には生まれつき，文法として可能なものを判断する「普遍文法（UG）」が備わっており，どのような国の言葉であっても，子どもは周囲からの言語入力で自然と言葉の法則性を理解し，母国語として身につけることを想定した（図6）

LAD :
language acquisition device

UG : universal grammar

- 一方，言語獲得を個人内の機能に見出したチョムスキーと異なり，他者との関係性を構築しようとする社会的経験を重視するのが**トマセロ**（Tomasello, M.）の立場である．トマセロは，人間には他者の意図を推測する機能があることに着目し，言語は使用されるなかで意味が生じ，使用頻度を重ねることで規則性が獲得されるという「用法基盤モデル」を提唱した．たとえば，母親が窓を指さして「お外を見て」と子どもに言うと，子どもはその意図を読み取ろうとし，実際に窓に目を向けることで褒められるという経験をする．これを何度も繰り返すと，「お外を見て」という発語が窓の方を見ることを意味するのだと理解し，やがて「〜を見て」という言葉の規則性を抽出し，ある方向に目を向ける行為と結びつけるようになる．このように，言語は実際にコミュニケーションとして使用されることで，その規則性が理解されていくものと考えた．

用法基盤モデル :
usage-based model

[Note]

保存課題と子どもへの働きかけ

　保存課題は，子どもが論理的に量や数，重さなどを判断できるか確認するものである．この課題を実施したピアジェは，6歳頃までに保存の概念を獲得することは難しいと考えたが，その後のさまざまな検証の結果，子どもへの関わり方によって早期に獲得される可能性が報告されている．

　たとえば，親子間での愛着形成を伴う遊びに保存課題を組み込むことで，3歳児が保存の概念を獲得できるか調べた実験が行われている（Watanabe, 2019）．保存課題としては「同じ2つの大きさの粘土球」が用いられ，子どもに2つの粘土球が同じ大きさであることを確認させた後，一方の粘土球を伸ばしたり平らにしてから「どちらが大きいか」と質問するものが実施された．これは粘土が変形しても物質，重さ，体積に関して「保存」が行われるかを検証する課題である．このやりとりは，愛着の発達を促す養育的な遊びとしてのクイズゲーム（初歩的な数学クイズ）に組み込まれ，子どもが保存課題を日常的な遊びの一つとして認識するように工夫されている．また，この遊びは月に1回程度実施されるが，子どもがクイズをやりたいと言ったときにはそれに応じ，答えの内容にかかわらず答えたこと自体を褒めるなど，子どもとの信頼関係の維持が重視されていた．結果として，3歳6か月頃から安定的に保存課題に正答することが確認されている．

　この研究からは，子どもと関わる大人の役割の重要性がみえてくる．遊びを通した知的経験は，ブルーナーが重視する子どもの主体性や興味を引き出す働きかけそのものであり，子どもとの信頼関係を大切にする姿勢は，子どもが安心して自分の考えを表出することのできる環境作りである．また，親が遊びに参加することで，子どもの認知発達が促されるという研究もあり（Hirsh-Pasek, et al., 2003），子どもと共に遊びを楽しむ大人の存在が保育環境として必要であることがわかる．

図6 | 生得的に言語を身につける「言語獲得装置」

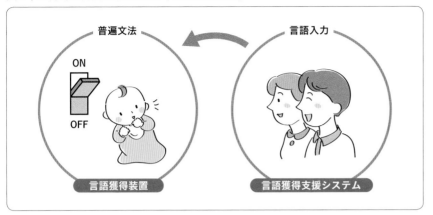

- チョムスキーとトマセロの理論は，遺伝と環境のどちらを重視するかによる立場の違いはあるものの，言語獲得装置には言葉を入力する「環境」が，用法基盤モデルには他者の意図を推測する「遺伝的な」機能が必要となり，言語獲得に遺伝と環境の相互作用を求める点は一致している．

- 両者の立場の違いを補完するのがブルーナーの「**言語獲得支援システム（LASS）**」である．ブルーナーは，チョムスキーの説を支持する立場であるが，言語獲得装置の起動には，互いの意図が汲み取りやすいように，調整した言葉を入力する大人の存在の必要性を主張した．このシステムは，視線などで意図のやりとりをする前言語的コミュニケーションから言語的コミュニケーションへと移行するためのものであり，大人は日常的に子どもと「意味」を共有できるように使う言葉を調整していると考えられた．たとえば，絵本のイラストを指して「これは何？」と乳児に質問し，それに対して乳児が喃語を発声しても，「そうだね，ウサギさんだね」などの反応とともに名詞が伝えられる．これは大人同士のコミュニケーションとは質的に異なり，子どもが言葉を習得することを目的としたコミュニケーションである（Ninio, Bruner, 1978）．

- このように，子どもが言語による意思疎通に関心をもてるように働きかけることが，言語獲得を促す関わり方の基礎となる．

LASS：language acquisition support system

喃語
意味をもたない音声

Ninio A, Bruner JS. The achievement and antecedents of labeling. Journal of Child Language. 1978：5. 1-15.

④ 発達理論からみる子ども観

- 保育者は子どもの主体性，能力の獲得，楽しさなど，何を優先して関わるべきなのだろうか．ここにはさまざまな視点があり，いずれも間違いではない．保育観・教育観の違いは，「子どもをどのような存在としてみるか」とい

う子ども観の違いによるものである．子どもを「何もできない存在」としてみれば指示的な関わりになり，「試行錯誤を楽しめる存在」としてみれば主体性を見守るようになる．このように，子ども観は常に保育実践の根底にあり，子どものどのような側面に注目し，何を目標とした支援をするかを決定する重要な要因である．

- 子ども観はそれぞれの価値観に応じた主観的なものであるが，発達理論に関する知識があることで，子どもを単純に「かわいい存在」としてみるのではなく，「さまざまな潜在能力をもった存在」としてとらえることができる．

- **認知発達理論からは「他者との社会的な関わりによって，自ら認知機能を拡大させることのできる存在」という視点が得られ，子どもの興味や主体性を引き出す関わりをもてるようになる**．さらに，子どもの側からすると，自分の意思が尊重され，楽しさが共有されるように遊びに誘ってくれる保育者は信頼できる存在となる．こうした関係性は，子どもが安心して探索活動を楽しむための保育環境の基盤となる．

- また，保育実践は「計画の作成（Plan）➡保育実践（Do）➡評価（Check）➡改善（Action）」という **PDCAサイクル** を基本とするが，保育者間での異なる子ども観は多角的な評価を生み出し，それによる改善をもとに，以降に必要な保育計画と実践という流れが継続的に作られていく．たとえば，複数人でごっこ遊びをしている子どもの観察でも，表情から楽しさを読み取るか，道具の使い方から手先の器用さに目を向けるか，友達と関わるときのコミュニケーション能力に注目するか，保育者によってみてとる点は異なる．保育現場ではこの違いこそが重要であり，ここで保育者同士が互いの視点を共有することで子どもを多角的に評価し，どのような働きかけや環境構成が必要かを実践的に判断することが可能となる．

- 保育実践では，どのような関わりや支援においても，「なぜ」それが子どものためになるのかを考えなければならない．発達理論はこの「なぜ」を考えるために必要であり，保育実践における根拠となるものである．自身の関わりが子どもにどのような変化をもたらすのか，保育者は明確な予想と論理をもち，発達的に良い影響を与えるなら実行し，悪い影響を与えるなら見直さなければならない．子どもにとって適切な保育支援ができるよう，発達理論という一つの基準をもった子ども観が保育者には必要となる．

PDCAサイクル
➡第4章I3　p.167参照

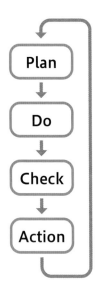

● 文献
- ブルーナー J. 訳：田中一彦『可能世界の心理』みすず書房．1998.
- ブルーナー J. 訳：寺田晃『乳幼児の話しことば─コミュニケーションの学習』新曜社．1988.
- Carpendale JIM, Lewis C, et al. Piaget's theory. In Hupp S, Jewell J（Eds.），Wiley-Blackwell Encyclopedia of child and adolescent development Vol. III. volume editors, Harris M, Westermann

G. Wiley Blackwell publishers. 2019.
- Chomsky N. Aspects of the theory of Syntax. MIT Press. 1965.
- Gillespie-Lynch K. Response to and initiation of joint attention：Overlapping but distinct roots of development in autism. OA Autism. 2013.
- Hynes-Berry M, McCray JS, et al. The Role of Gesture in Teaching and Learning Math. In Growing Mathematical Minds. Routledge. 2018. pp.83-108.
- 児玉一宏，野澤元．編：山梨正明『言語習得と用法基盤モデル―認知言語習得論のアプローチ（講座 認知言語学のフロンティア）』研究社．2009.
- Piaget J, Inhelder B. La representation de l'espace chez l'enfant. Presses Universitares de France. 1948.（Translated by Langdon FJ, Lunzer JL. The child's conception of space. Routledge & Kegan Paul, 1956）
- ピアジェ J. 訳：中垣啓『ピアジェに学ぶ認知発達の科学』北大路書房．2007.
- 臼井隆志，ながしまひろみ．"第3回 赤ちゃんの世界の触り方"．日興フロッギー．2018.
- ヴィゴツキー LS. 訳：柴田義松『思考と言語（新訳版）』新読書社．2001.
- ヴィゴツキー LS. 訳：土井捷三，神谷栄司『「発達の最近接領域」の理論―教授・学習過程における子どもの発達』三学出版．2003.
- ワロン H. 訳：浜田寿美男『身体・自我・社会―子どものうけとる世界と子どもの働きかける世界』ミネルヴァ書房．1983.

◉ **学びを深めるための参考図書**
- 林洋一 監『史上最強図解 よくわかる発達心理学』ナツメ社．2010.
- シュミット S. 訳：野村和『幼児教育入門―ブルーナーに学ぶ』明石書店．2014.
- ウーシャ G. 訳：岩男卓実，上淵寿ら『子どもの認知発達』新曜社．2003.

◉ **Noteの文献**
- Hirsh-Pasek K, Golinkoff RM, et al. Einstein never used flashcards：How our children really learn-And why they need to play more and memorize less. Rodale Books. 2003.
- Watanabe N. Attachment play related to Piaget's conservation task with parent. International Journal of Psychology Studies. 2019：11（2）．24-31.

話し合ってみよう

自分の子ども観と他者の子ども観

　どのような視点から子どもをとらえるかは人それぞれです．認知発達理論を基準にするにしても，ピアジェを参考に子どもの変化を段階的に追うのか，ヴィゴツキーやブルーナーのようにコミュニケーションを軸にした支援をしたいのかなど，さまざまな保育観・教育観があります．ここには，自分が子どものために本当にやりたいこと，なりたい保育者像が自然と表れます．

　保育現場に立つ前に，まずは自分がどのような子ども観，保育観・教育観をもっているのか考えてみましょう．どのような理論が自分の考えの基礎になっているのか，何をすることが子どものためになると思うのか，またそれはなぜなのか，保育者としての自分を客観視してみましょう．そして，ほかの人がどのような子ども観をもっているのか，互いに価値観を教え合い，新たな視点やより良い保育環境について一緒に考えてみましょう．

Discussion Point

▶ 自分の子ども観はどのようなものか

▶ 背景理論になっているものは何か

▶ ほかの人はどのような視点や価値観をもっているか

▶ お互いの保育観を重ね合わせることで，どのような保育実践ができそうか

3

健康な心と体
─子どもの身体機能と運動機能の発達

学習のポイント

1. 子どもの身体と運動の発達について理解することができる.
2. 保育場面における身体機能と運動機能を高める関わりを理解することができる.

1 胎生期の身体と運動の発達

- 人の身体と運動の発達は胎生期から始まっている. 胎生期における身体と運動の発達では, 身長や体重の成長だけではなく, 生後の発達の基盤となる中枢神経系や心臓, 腕, 脚, 目, 耳などの主要器官が形成される. 特に神経系の発達には自発運動が関連するといわれており, 脳の発達と運動の発達は密接に関連している. このことから, 子どもの心の発達を理解するうえで胎生期を含めた子どもの身体と運動の発達について理解しておくことは重要である.

▶ 身体の発達

在胎週数
最終月経開始日を起点として起算した週数. 妊娠週数, 妊娠期間と同義.

- 出生までの**在胎週数**は40週前後である. 胎齢4週頃までに脳や心臓の発現が確認され, 6〜8週頃には原始的な四肢(手指, つま先)が形成され, 顔(眼, 耳, 鼻, 口蓋, 上唇)の発達も確認される. 13〜20週頃には臓器の組織構造が完成し, 17〜20週頃になると聴診器にて心音が聞こえるようになり胎動も感じられるようになる. また, 同時期に, 超音波検査で性別も明らかになってくる. 25週頃からは皮下脂肪の蓄積も生じる. 33週頃には体重が2,000gを超え, 37〜41週までに身長50cm, 体重3,000g程度にまで成長し生まれてくる.

▶ 運動の発達

- **自発運動**は胎生期から観察されることが報告されており（de Vries, et al., 1982），超音波を用いて胎児の運動を観察した研究では，受精後8週頃から胎児の自発運動が確認されることが明らかになっている（Einspieler, et al., 2012）．

- 自発運動のなかでも胎生期から高頻度に観察される全身性の運動は，**ジェネラル・ムーブメント（GMs）**と呼ばれている．ジェネラル・ムーブメントは生後においても観察され，生後2〜3か月頃に質的な変化がみられ，この質的な変化を経て随意運動を獲得していくことがわかっている．

- このような胎生期にみられる運動は，外界からの刺激に対して引き起こされるものではなく，その時点で形成されている神経系の自発的な活動によって引き起こされていると考えられている．ヒトの神経—筋の神経回路の形成においては，いったん余剰な神経回路が形成され，その後不要な神経回路が除去されることでより洗練された運動が可能になっていく．したがって，**胎生期は神経組織が発達・変化している時期であり，この時期にみられる自発運動は，神経回路の形成や成熟にとって重要なものである**．

de Vries JI, Visser GH, et al. The emergence of fetal behavior. I. Qualitative aspects. Early Human Development. 1982：7(4). 301-22.

Einspieler C, Prayer D, et al. Fetal behaviour：A neurodevelopmental approach. Clinics in Developmental Medicine. 2012：189(1).

GMs：general movements

② 乳児期の身体と運動の発達

▶ 新生児の分類

- 出生した新生児は，在胎週数や出生体重によって分類される．
- **在胎週数による分類**
  - ▶ 早産児：在胎37週未満
  - ▶ 正期産児：在胎37〜42週
  - ▶ 過期産時：在胎42週以上
- **出生体重による分類**
  - ▶ 低出生体重児：2,500g未満
  - ▶ 極低出生体重児：1,500g未満
  - ▶ 超極低出生体重児：1,000g未満
  - ▶ 巨大児：4,000g以上
  - ▶ 超巨大児：4,500g以上

▶ 身体の発達

厚生労働省：平成22年乳幼児
身体発育調査．2010.

- 乳児期は生涯のなかで身体的成長が最も著しい時期である．
- 厚生労働省の乳幼児身体発育調査(厚生労働省，2010)によると，出生時の平均体重は男児2.98kg，女児2.91kgであるが，1歳時には男児9.28kg，女児8.71kgに達し1年で約3倍にまで成長する．また，出生時の平均身長は，男児48.7cm，女児48.3cmであるが，1歳時には男児74.9cm，女児73.3cmに達し1年で約1.5倍にまで成長する(図1)．
- 身体的成長には先天的な要因と後天的な要因が影響し，乳児期における体重増加には先天的要因に加えて，後天的な栄養状態や健康状態が影響を与える．一方で，身長の増加は栄養状態などの影響は小さく，先天的・遺伝的要因による影響が大きいとされている．

▶ 運動の発達

- 新生児は胎生期の影響を受けて全身屈曲優位の姿勢をとる．上肢では特に肘関節が屈曲し，下肢では股関節，膝関節が屈曲位，足関節が背屈位となり四肢が体幹に接している．頭部を正中位に保持するほど筋が発達していないため，新生児において頭部は一側に回旋している．
- 新生児期では頭部の保持は困難であるが，モロー反射や緊張性迷路反射などの原始反射の消失に伴い，頭部や体幹を空間に保とうとするような立ち直り反応がみられ始め，生後3〜4か月頃には首が据わるようになる．頭部が安定することにより，眼球運動(追視)が安定する．腹臥位では，重心が徐々に頭部から尾部へと下がることで，3〜4か月頃になると両肘支持の腹臥位が可能となり，6か月頃には寝返りと両手支持での腹臥位が可能となる．この両肘支持や両手支持で腹臥位をとる過程は，子どもの肩甲帯や骨盤周辺の支持機能を高め，その後の姿勢保持や上肢の運動の発達において重要な意味をもつ．腹臥位から四つ這い位をとれるようになり，対称性緊張性頸反射が抑制されてくると，左右の交互性のある動きが可能となり，片手で体重を支えてもう一方の手で物を取ろうとしたり，手足を動かしてハイハイしたりすることができるようになる．四つ這いができるようになると生後9か月頃には物につかまっての立ち上がり，11か月頃には物につかまって伝い歩きができるようになり，生後13か月頃には歩行が可能になる．
- 新生児期では，中枢神経系の発達が未熟であるため，脊髄・脳幹レベルの運動が出現し，その運動は不随意性が強い．また，新生児期では外界からの刺激に対する反射運動が多くみられ，これを**原始反射**という(表1)．原始反射

図1｜乳幼児身体発育曲線

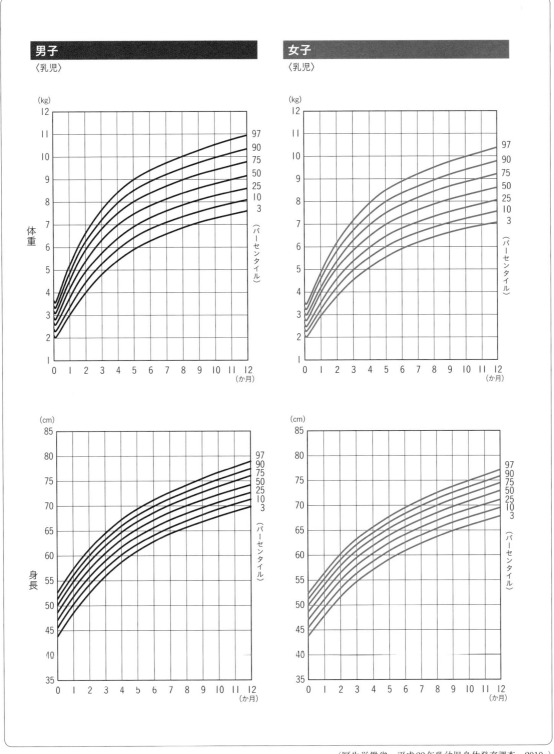

（厚生労働省．平成22年乳幼児身体発育調査．2010．）

表1｜新生児期にみられる主な原始反射

原始反射	反応	出現時期
ガラント反射	腹臥位で胸腹部を支えて水平に保ち，脊柱の約3cm外側を指でこすると，刺激された側の脊柱筋が収縮し反対側が凸の側弯となる．	生後1～2か月まで
手掌把握反射	手の平に指などを置くと，その指を握ろうとする．	生後4か月まで
非対称性緊張性頸反射	背臥位で頭部を他動的に一側に回旋すると，顔を向けた側の上下肢が伸展し，反対側の上下肢が屈曲する（フェンシングの肢位）．	生後4～6か月まで
緊張性迷路反射	頭部を正中位にした腹臥位から，次に背臥位にすると，腹臥位では屈曲が促進，伸展が抑制され，背臥位では伸展が促進，屈曲が抑制される．	生後5～6か月まで
モロー反射	頭を支えて仰向けに寝かせ，急に頭の支えをはずすと，両腕を胸の前へ突き出して広げ，何かにしがみつくような動作をする．	生後4～6か月まで

〔参考：儀間裕貴．第2章 胎生期（胎児期）・新生児期の発達．編集：大城昌平，儀間裕貴『リハビリテーションのための人間発達学 第3版』メディカルプレス．2021.〕

は，中枢神経系の発達に伴って統合・消失するがすべてが完全に消失するわけではない．

- 乳児期になると，中枢神経系や筋の発達に伴い自分の意思によって身体を動かす随意運動がみられ始める（図2）．

- 運動機能は大きく粗大運動と微細運動に分けることができる．さまざまな随意運動のなかでも，乳児期で獲得すべき運動は歩行と手の把握運動である．

- 粗大運動の発達は，乳児期における姿勢反応の出現や，環境における運動の経験によって発達していく．

粗大運動
姿勢保持のための運動や，歩行，跳ぶなど主に全身を使った運動

微細運動
主に手掌や手指を使った手先の細かい運動

- 新生児期初期の微細運動では，上肢と手指は屈曲優位で手は握っていることが多く，手掌や指の内側を刺激すると手掌把握反射によって反射的に手指を屈曲しギュッと握る動きがみられる．

- 生後3か月頃になると，目の前にある興味を引くものに手を伸ばすようになり，随意的な手指の把握運動が可能となる．最初は手掌とすべての指を使った把持で，生後8か月頃になると母指が他の指と独立して動かせるようになり，つまみ動作が可能となる．1歳頃になると，母指と人差し指の指先を使ってつまむ動作が可能となっていく．

- **乳幼児の運動発達は個人差が大きいことが特徴である．**厚生労働省の乳幼児身体発育調査における運動機能通過率によると，たとえば，首の据わりは，生後3か月では乳幼児の60％程度，生後4か月頃では90％以上が可能になっている．また，ひとり歩きは，生後1年3～4か月で90％以上の子どもが可

図2｜乳児期の運動発達

| 腹臥位 | 新生児 | 2か月 | 3〜4か月
（両肘支持） | 4〜5か月 | 6か月
（両手支持・寝返り） | 10か月
（ハイハイ） |

座位　3〜4か月　5か月　6か月　7か月　8〜9か月

手指機能　3〜5か月（尺側把持）　6か月（橈側把持）　8か月　10か月（側腹つまみ）　11か月（指腹つまみ）　12か月（指尖つまみ）

引き起こし　新生児〜1か月　3〜4か月　5か月頃　7〜8か月　12か月以降

立位・歩行　3か月　6か月頃　8か月（つかまらすと立っている）　9〜10か月（つかまり立ち）　11か月（伝い歩き）

（参考：前川喜平『写真でみる乳児検診の神経学的チェック法　改訂6版』南山堂．2003．）

能になっているが，なかには生後8〜9か月頃にひとり歩きを獲得した子ど
もも存在する．このように，各運動の獲得時期には個人差が大きく，すべて
の子どもが同時期にその運動を獲得するというわけではない．

③ 幼児期の身体と運動の発達

▶ 身体の発達

- 乳児期で著しい身体的発達がみられるが，幼児期では体重と身長の増加は安
  定し始める．1〜2歳の体重増加は3kg程度であるが，3〜6歳にかけては
  年間平均約2kgの体重増加となる．身長では，1〜2歳では約12cm増加す

表2｜幼児期の運動発達

	粗大運動	微細運動
1歳〜1歳6か月	・歩行（初期は不安定） ・立って遊ぶ ・しゃがむ，物を拾う	・物を両手で持つ ・なぐり描き ・コップを持って飲む ・スプーンですくおうとする
1歳6か月〜2歳	・走る ・ボールを蹴る ・その場で両足ジャンプ ・階段を昇る（支えあり）	・積み木積み（2〜4個） ・簡単な道具を使用し始める（ハンマーなど）
2歳〜3歳	・低い段差からジャンプする ・ケンケンができる ・ボールを投げる ・鉄棒にぶら下がる	・大きな形の塗り絵 ・箸やフォークを使い始める
3歳〜4歳	・片足立ち ・階段を昇る（支えなし） ・スキップができる ・ジャングルジムで遊ぶ ・三輪車に乗る	・ハサミで髪を切る ・簡単な形の模写（＋，□） ・簡単な衣服の着脱，ボタンの付け外しができる ・折り紙ができる
4歳〜5歳	・高い段差からジャンプする ・ボールを投げて的に当てる ・階段昇降	・自分の名前を模写する
5歳〜6歳	・両手で捕球 ・正確にボールを蹴る ・縄跳びができる	・三角形を描く ・自分の名前や，名前以外の文字も書き始める

（参考：塩津裕康．第4章 幼児期前期・後期の発達．編集：大城昌平，儀間裕貴『リハビリテーションのための人間発達学 第3版』メディカルプレス．2021／北村晋一『乳幼児の運動発達と支援』群青社．2013.）

るが，3〜6歳にかけては年間平均約7cmの増加となる．

▶ 運動の発達（表2）

- 幼児期にみられる基本動作には，座る，立つ，歩く，走る，跳ぶ，のぼる，蹴る，投げる，捕る，つかむ，ぶら下がるなど，その後の発達の基盤となる多様な動作がある．幼児期における運動の発達では，身体の発達，神経系の発達，多様な環境(物理的環境，養育者，育児環境，文化的要素など)との相互作用によって動作を獲得していく．

文部科学省：幼児期運動指針．2012.

- 「幼児期運動指針」(文部科学省，2012)によれば，幼児期にみられる基本動作は，「体のバランスをとる動き(立つ，座る，寝転ぶ，渡る，など)」「体を移動する動き(歩く，走る，よける，すべる，など)」「用具などを操作する動き(持つ，運ぶ，投げる，捕る，など)」に分類することができる．そして，

[Note]

社会性と身体・運動の関係

「心」と「体」と聞くとそれぞれ独立したものと思われるかもしれないが，そうではない．子どもの知覚，注意，記憶，認知，社会性などの発達は身体と運動の発達と密接に関連している．

クリアフィールド（Clearfield, M.W.）は，9〜12か月の乳幼児を対象に，歩行と社会的交流の関係について研究した（Clearfield, 2011）．この研究では，3m四方の自由に動くことのできる部屋で，ハイハイをする子ども，歩行未獲得で歩行器を使用する子ども，独歩をする子ども，移動距離，母親や玩具と関わる時間，発声回数，ジェスチャー（身ぶり）回数を記録している．その結果，独歩を獲得している子どもは，ハイハイをする子どもや歩行器を使用する子どもと比べて，母親や玩具と関わる時間が長くなることがわかった．また，独歩可能な子どもは，発声する回数や，母親の前で玩具を指さしたり振ったりするようなジェスチャー回数も増加することがわかった．さらに，この研究では，9か月の子どもをハイハイをする時期から独歩獲得後まで経過を追って観察記録した結果，初めて歩行した時点では，最後のハイハイの時点と比べて，玩具と関わる時間は減少する一方，母親と関わる時間は増加することがわかった．

これらの結果から，この研究では，独歩の獲得が子どもの人や物との交流スタイルの変化を生み出す可能性が示唆されると述べられている．さらに興味深いことに，この研究では12か月時点で独歩を獲得している子ども8名とハイハイをする子ども6名の行動を比較した結果，やはり独歩を獲得している子どもは，ハイハイをする子どもと比べて母親と関わる時間が長くなることを明らかになった．つまり，同じ月齢であっても，子どもの移動運動の発達の違いによって社会的交流にも差がみられる可能性があり，歩行の獲得が社会的交流と密接に関連していることが考えられる．

この研究は一例であるが，これまでの数多くの研究によって子どもの身体や運動の発達と心理社会的な側面との関連が明らかになってきている．子どもの心と体の発達は切り離せるものではなく，相互に関連し合うという認識をもつことが重要といえる．

図3 | 握りの発達段階

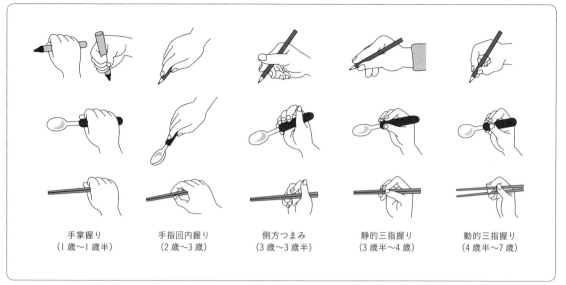

| 手掌握り
（1歳～1歳半） | 手指回内握り
（2歳～3歳） | 側方つまみ
（3歳～3歳半） | 静的三指握り
（3歳半～4歳） | 動的三指握り
（4歳半～7歳） |

（鴨下賢一『発達が気になる子へのスモールステップではじめる生活動作の教え方』中央法規出版. 2017.）

　　動きの獲得には，「動きの多様化」（多様な動作を獲得すること）と，「動きの洗練化」（滑らかで目的に合った動きができるようになること）の2つの方向性がある．3～4歳頃には「体のバランスをとる動き」と「体を移動する動き」を獲得し，4～5歳頃には環境との関わり方や遊び方を工夫しながら「用具などを操作する動き」を獲得する．5～6歳頃には「体のバランスをとる動き」「身体を移動する動き」「用具などを操作する動き」といった多様化した動きを滑らかに行えること（動きの洗練化）が期待される．

- 粗大運動では，1歳頃に歩き始め1歳3か月頃にはひとり歩きが可能となり，徐々に安定したひとり歩きを獲得していく．1歳6か月～2歳頃には，走る，蹴る，両足で跳ぶなどが可能となり，2～3歳頃には，階段を昇る（支えあり），ボールを投げる，片足跳び（ケンケン）を獲得する．3歳以降では，それまでに獲得した基本動作を基盤にして，より複雑な動作を獲得していく．3～4歳頃になると，片足立ち，階段を昇る（一足一段，支えなし），スキップなどの動作が可能となり，これらの動作は年齢が上がるにつれて安定し，より高度なバランス能力を獲得していく．また，3歳頃になると三輪車がこげるようになり，4～5歳頃になると縄跳びもできるようになる．

- 幼児期の微細運動の発達で特徴的な点は，道具操作の発達である．スプーンやフォーク，箸，鉛筆，ハサミなどの操作を獲得していく．道具操作の発達は握りの発達段階（図3）に伴って上達していく．1歳～1歳半では鉛筆やスプーンを指全体で握るように持ち，2～3歳頃では手指回内握り，3歳半～4

歳頃では静的三指握り，4歳半以降は動的三指握りへと変化していく．動的三指握りになると，描くときに肩や肘，手首よりも，指の動きが中心になるため小さくて細かな線や形を描くことが可能となる．このように，握り方には発達段階があり，各段階を十分経験し必要な手指機能を身につけながら発達を促すことが重要である．

- 道具操作の発達では**両側協調性**(両手を使う動作)も重要となる．3〜4歳頃までに手の指向性がみられ幼児期の後半では多くの子どもに利き手が出現し，徐々に左右別々の動作が可能となっていく．

- 描くこと(描画)では，視知覚や認知機能の発達に伴い複雑な形を描くことが可能となる．3〜3歳半頃に円(○)を描くことが可能となり，徐々に十字(＋)，四角(□)が描けるようになる．そして5歳頃になると斜め線で構成される三角(△)も描けるようになる．

- このように，幼児期における巧緻運動の発達には，握りの発達，両側協調性，認知などさまざまな機能の発達が関連する．

④ 保育における身体機能と運動機能を高める関わり

- 身体と運動の発達によって，子どもは自ら周りの環境へ働きかけ，認知や言語，対人関係，社会性などを高めていく．子どもの心と体には密接な関係があり，豊かな心を育むうえで子どもの身体・運動の発達は重要な基盤となる．

- 子どもの身体・運動機能を高めるために，まずは子どもの身体と運動の発達について理解することが重要である．発達には個人差があるが，それぞれ発達段階があり，各段階で習熟した機能や能力を基盤としてより高次の発達へとつながっていく．したがって，子どもの発達や発達段階を十分に把握せずに関わってしまうと，子どもにとって必要な経験の機会を奪い，ときには失敗による自尊心の低下にもつながりかねない．実際に子どもに関わる際には，その子どもの身体・運動機能の発達段階を踏まえ，必要な経験について考えることが重要である．

- 子どもの身体・運動機能を高めるうえで重要なことに「**自発性**」がある．子どもは胎生期の頃から自発運動を行い，出生後も自発運動による環境との相互作用のなかで身体・運動機能を高めていく．また，幼児期の運動指導のあり方として，運動能力の発達には子ども自身の自己決定的で自発的な遊びが有効であることも示されている(杉原ら，2010)．しかし，自発性に関しては，大人が特別な関わりをしなくても，子どもは自ら動くことを楽しみさまざ

杉原隆，吉田伊津美ら：幼児の運動能力と運動指導ならびに性格との関係．体育の科学．2010：60(5)．341-7．

な経験を積んでいく．そのため，保育場面においては，子どもが自発的に動くことができる場所や時間，それを見守る保育者といった物的・人的な環境を整えることが重要となる．

▶ 新生児期・乳児期における関わり

- 新生児期では，母子関係を基盤とした感覚運動遊びを中心に関わることが重要となる．触れる，揺れる，動くなど，多様な感覚を利用した関わりが情緒や認知機能の発達にもつながる．両親や保育者に抱かれることで安心感につながり，特に母親に対する絶対的な安心感は基本的な信頼関係を形成する点で将来的にも重要な役割をもつ．背臥位や腹臥位で子どもの腕や脚，体幹などをマッサージすることも触覚刺激を通した関わりとなる．また，抱っこでリズミカルに揺れる(前庭感覚)ことで子どもは落ち着きやすくなる．

- 乳児期では，原始反射の統合・消失により少しずつ随意的な運動が可能となる．生後1～6か月頃までの発達で獲得される主な運動能力は，頭部のコントロール，寝返り，物の把持である．生後1か月頃では頭部は左右どちらか一側に回旋しているが，生後2か月頃から上肢全体で支持する腹臥位をとり，徐々に頭部を挙上して生後4か月頃になると両肘での支持で頭部を90度近く挙上することが可能となり首が据わるようになる．したがって，安定した頭部のコントロールや首の据わりにつなげるため，背臥位だけではなく，腹臥位(うつ伏せ)の姿勢もとらせ子ども自身が身体を支えようとする経験が重要となる．

- また，寝返りの獲得には，下肢の十分な屈曲が必要であることがわかっている．寝返りの方法は子どもによって個人差があるため，子どもの自発的な運動を注意深く観察することが重要である．

- さらに，生後2～3か月頃からは対象物を目で追う眼球運動もみられるようになり，目の前に出されたものに手を伸ばそうとする．そのため，物を使用した関わりも可能となり，物の硬さや感触を経験することができる．

- 生後7か月頃からは腹臥位の姿勢で過ごすことが増える．両手支持での腹臥位が可能となり，その後，片手支持で自分が欲しい物にもう一方の手を伸ばす動作(リーチ動作)がみられるようになる．この片手支持でもう一方の手を伸ばすような動きによって，体幹や肩甲帯の安定性を高めることにもつながる．生後9か月頃になると四つ這い位をとることが可能となる．このときの子どもは四つ這い位で動かず前後左右にゆらゆらと揺れることがあるが，この微妙な姿勢の動揺の経験が重心移動やハイハイにつながる．

- 四つ這いが安定することで物につかまって立ち上がり，歩行ができるように

リーチ動作

なる．臥位と座位，座位と立位の姿勢変換ができるようになり自由に動き回ることが可能となる．立って狭いところを歩いたり，しゃがんでトンネルをくぐったりすることで，**身体図式**も形成されていく．ハイハイや歩行などの移動運動が可能となる時期には，子どもの動きたい気持ちを優先し，子どもの動きをあまり制限せず自由に動くことのできる機会を設けることが重要である．

> **身体図式**
> 感覚や運動経験によって形成される姿勢や動きを制御する際に働く無意識のプロセス．無意識的に脳内で形成されている身体の枠組み．

▶ 幼児期における関わり

- 幼児期では，座る，立つ，歩くなどの基本動作を基盤としてより複雑な運動を獲得していく．そのため，基本動作の獲得を促すことが重要となるが，基本動作を行ううえで自分の身体をコントロールする力(**姿勢制御能力**)が必要である．幼児期では歩行経験を積むことが姿勢制御能力の向上にとって重要である．幼児期の歩行の獲得において，歩行へのモチベーション，他者との関わりの要素が必要である(島谷，2018)．運動発達とモチベーションには関係性があり，モチベーションが高い子どもほど運動の獲得時期が早いことがわかっている．また，他者と経験を共有しようとする気持ちが歩行の獲得を促すことが示唆されている．したがって，単に自由に歩かせるのではなく，子どものモチベーションを高めるような道具の使用や環境構成，子どもへの言葉かけ，ジェスチャーなどのコミュニケーションを介した関わりが重要といえる．

- 4～5歳頃になるとより複雑な動作が可能となり，三輪車や自転車に乗ることや，縄跳びができるようになる．運動を獲得する過程では，予測的に身体をコントロールする力(**予測的身体制御能力**)が必要であり，予測的身体制御には感覚運動経験が必要となる．したがって，多様な感覚遊びや運動遊びを経験することが重要となる．

島谷康司．1発達総論 5幼児期(1～3歳)．編集：大城昌平，儀間裕貴『子どもの感覚運動機能の発達と支援』メジカルビュー社．2018.

- また，複雑な運動の獲得には身体図式や身体イメージの発達も関係している．身体イメージの発達の程度は人物画とも関連しているため，子どもが描く人物画について注意深く見ていくとよい．
- 幼児期の道具操作の発達によって，より高度な制作活動が可能となり活動の幅が広がる．前述したとおり，幼児期における巧緻運動の発達には，握りの発達，両側協調性，認知などの発達が関連している．握りの発達については，現状の握りの段階を把握し，スモールステップで段階付けを行っていくことが重要となる．両側協調性を高めるためには，両手の使い分けが重要となる．たとえば，ハサミを効率的に使用するためには，片手で紙を固定し，もう一方の手でハサミを操作する必要がある．手の指向性（利き手はどちらか）を確認しながら，左右手の使い分けを促す関わりが重要となる．3 歳頃になると認知機能も発達する．そのため，ブロック，図形，粘土などの遊びも並行して認知機能を高めていくことも重要である．

話し合ってみよう

運動の苦手な子どもでも運動を楽しめるようにするには？

　子どもたちの身体と運動の発達は個人差が大きいことを述べました．同様に，運動の獲得に関しても子どもによって個人差があります．子どもたちのなかには，新しい運動や動作でも一度教えてもらえばすぐにできるようになる子もいれば，何度も練習しないとできない子や，何度やってもぎこちない動作になってしまう子もいます．しかし，保育場面では，みんなで同じ運動遊びを行ったり，同じ制作物を作ったりする場面があります．運動の出来栄えや作業スピードは子どもによって異なり，運動の苦手な子どもたちは，うまくいかないことで失敗の経験につながってしまうかもしれません．

　どうしたら運動が苦手な子どもであっても運動を楽しめるようになるのでしょうか．また，運動が苦手な子どもに対してどのような配慮が必要なのでしょうか．周りの子どもたちよりも運動がぎこちない子どもを想定して，その子どもの運動の発達を促すために，具体的に保育者がとるべき対応や関わり方について考えてみましょう．

Discussion Point

▶ 保育者は運動の苦手な子どもにどのような関わり方をとる必要があるか？
▶ 他児に対する配慮は？

◉ 文献

- de Vries JI, Visser GH, et al. The emergence of fetal behavior. I. Qualitative aspects. Early Human Development. 1982：7(4). 301-22.
- Einspieler C, Prayer D, et al. Fetal behaviour：A neurodevelopmental approach. Clinics in Developmental Medicine. 2012：189(1).
- 儀間裕貴．第2章 胎生期(胎児期)・新生児期の発達．編集：大城昌平，儀間裕貴『リハビリテーションのための人間発達学 第3版』メディカルプレス．2021.
- 鴨下賢一『発達が気になる子へのスモールステップではじめる生活動作の教え方』中央法規出版．2017.
- 北村晋一『乳幼児の運動発達と支援』群青社．2013.
- 厚生労働省：平成22年乳幼児身体発育調査．2010.
- 前川喜平『写真でみる乳児検診の神経学的チェック法 改訂6版』南山堂．2003.
- 文部科学省：幼児期運動指針．2012.
- 島谷康司．Ⅰ発達総論 5幼児期(1〜3歳)．編集：大城昌平，儀間裕貴『子どもの感覚運動機能の発達と支援』メジカルビュー社．2018.
- 塩津裕康．第4章 幼児期前期・後期の発達．編集：大城昌平，儀間裕貴『リハビリテーションのための人間発達学 第3版』メディカルプレス．2021.
- 杉原隆，吉田伊津美ら：幼児の運動能力と運動指導ならびに性格との関係．体育の科学．2010：60(5)．341-7.

◉ 学びを深めるための参考図書

- 大城昌平，儀間裕貴『子どもの感覚運動機能の発達と支援』メジカルビュー社．2018.
- 鴨下賢一『発達が気になる子へのスモールステップではじめる生活動作の教え方』中央法規出版．2017.

◉ Noteの文献

- Clearfield MW. Learning to walk changes infants'social interactions. Infant Behavior and Development. 2011：34(1). 15-25.

第2章

子どもの心と
社会との関わり

4

自立心—社会情動的スキルの発達

学習のポイント

1. 社会情動的スキルとは何かを理解することができる.
2. 自己効力感と自己肯定感について理解することができる.
3. 保育の現場において，自立心の発達を促す関わりを理解することができる.

① 自立心と認知的スキル，社会情動的スキルとの関係

 自立心

- **自立心とは，身近な環境に主体的に関わり，自分の力で活動に取り組んだり，課題を自分のこととして受け止めて取り組む力である.**

- 幼児の自立心について幼稚園教育要領（文部科学省，2017）では，「身近な環境に主体的に関わり様々な活動を楽しむ中で，しなければならないことを自覚し，自分の力で行うために考えたり，工夫したりしながら，諦めずにやり遂げることで達成感を味わい，自信をもって行動するようになる」としている.

- 「幼児期の終わりまでに育ってほしい10の姿」の一つである自立心は，幼稚園教育要領や保育所保育指針に示されているように，保育者との信頼関係を基盤にして，環境に対して主体的に関わり，自分の力で活動に取り組むなかで育まれるものである.

本書では，「心の制御」「社会的関係」というニュアンスを強調するために，OECD（経済協力開発機構）の報告書（2015）にならい，「非認知的スキル」の語を用いず「社会情動的スキル」の語を用いる.

- 保育において自立心を育てる際には，幼児が環境に主体的に関わり，自分でできることは自分でしようと取り組み，難しい場合は保育者や友だちに聞きながら粘り強く取り組めるような工夫が求められる．こうした保育を通して，幼児の日々の生活が楽しく充実する力を育てることができる（文部科学省，2017）.

文部科学省．幼稚園教育要領．2017.

- 子どもの自立心を支える能力は，大きく「認知的スキル」と「社会情動的スキル（非認知的スキルともいわれている）」に分けられる．認知的スキルは，知的な学習によって獲得する能力で，一般的に「知能」と呼ばれるものはこの認知的スキルに該当する．一方，社会情動的スキルは，日常生活や社会生活のなかで獲得する能力であり，感情を制御したり，目標達成のために我慢をしたり，他者と協働するといった能力が該当する．つまり，認知的スキルは「学ぶために必要な技能・思考力，学んだ知識」であり，社会情動的スキルは「学びに向かうために自分を律したり，社会と関わる能力」といえる．

ここでは「目標の達成」と「情動の抑制（自尊心の部分）」について扱い，「他者との協働」については，次項の「5. 協同性—社会性の発達」で扱う．

▶ 認知的スキル

- 経済協力開発機構（OECD，2015）が示している認知的スキルとは，主に読み書き能力や学業成績，知識（習得や応用のプロセスも伴う）を指す．加えて，これらの学習を支えるために必要な技能・思考力も含まれる．
- 図1は，OECDの報告書における「認知的スキルと社会情動的スキルのフレームワーク」を示しているが，このフレームワークは，「認知的スキルと社会情動的スキルが相互に作用し，それによって相互に影響し合っているという考えに基づいたもの」である（OECD，2015）.
- 図1のように，認知的スキルは，知識，思考，経験を獲得する心的能力と定義されている．具体的には，記憶力や作業を効率的にする能力，言語的，非言語的な類推能力のほか，既存の知識を活用する能力が含まれる．これらの一部は，知能テストや認知テストで計測することが可能な能力である．
- 認知的スキルは，知能の中核を構成する能力である．学習などに直接的な影響を与えるが，基本的には環境など他の要因の影響を受けづらい比較的安定的な能力（成長しても一貫して能力の変動が少ない）とされている．

▶ 社会情動的スキル

- 認知的スキルは主に学習に関係する能力である一方，社会情動的スキルは社会性など人間らしい振る舞いに関係する能力といえる．
- 具体的には，目標の達成のスキルには何か物事をやる際に諦めずに粘り強く

図1 | 認知的スキルと社会情動的スキルのフレームワーク

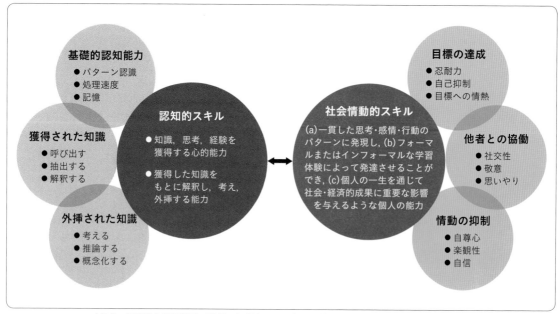

基礎的認知能力
● パターン認識
● 処理速度
● 記憶

目標の達成
● 忍耐力
● 自己抑制
● 目標への情熱

認知的スキル
● 知識，思考，経験を獲得する心的能力
● 獲得した知識をもとに解釈し，考え，外挿する能力

社会情動的スキル
(a)一貫した思考・感情・行動のパターンに発現し，(b)フォーマルまたはインフォーマルな学習体験によって発達させることができ，(c)個人の一生を通じて社会・経済的成果に重要な影響を与えるような個人の能力

獲得された知識
● 呼び出す
● 抽出する
● 解釈する

他者との協働
● 社交性
● 敬意
● 思いやり

外挿された知識
● 考える
● 推論する
● 概念化する

情動の抑制
● 自尊心
● 楽観性
● 自信

(参考：経済協力開発機構. 監訳：無藤隆，秋田喜代美『社会情動的スキル. 学びに向かう力』明石書店. 2018.)

森口祐介. 実行機能の初期発達, 脳内機構およびその支援. 心理学評論. 2015：58(1). 77-88.

やり遂げる忍耐力（グリット），やるべきことをするためにやりたいことを抑える（抑制能力）といった自己制御の能力（感情を制御する実行機能）が求められ，社会情動的スキルのなかでも重要なスキルである.

• 自己制御の能力は，近年注目を浴びている「実行機能」と呼ばれる認知能力も含む. 森口（2015）は，「目標志向的な，思考，行動，情動の制御」を実行機能として定義していることから，実行機能は，目標志向的である（意思が働く行動）能力といえる.

• 実行機能は，主に自らの行動の抑制（行動のブレーキ）だけではなく，行動の解放（ある行動から別の行動に移るために行動を止める）や行動の切り替えも含まれる. 行動を制御するとは，不適切な行動を抑えるだけではなく，特定の行動を引きずるのを止め，行動を切り替えることが必要となるが，幼児期の早い段階ではこうした機能が大人ほど分化していない.

Moriguchi Y, Hiraki K. Neural origin of cognitive shifting in young children. Proceedings of the National Academy of Sciences of the United States of America. 2009：106(14). 6017-21.

• 森口と開は，3〜5歳の幼児に思考の切り替え課題を実施し，その間の脳活動を測定したところ，5歳児では全員課題が成功し左右の脳活動（両側下前頭領域）がみられたが，3歳児では課題が失敗した子どもは活動がみられず，成功した子どもは右脳（右下前頭領域）の活動がみられたことを報告している（Moriguchi, Hiraki, 2009）. つまり3歳ごろから徐々に前頭葉が発達し，それに伴って実行機能が機能し始めていくと考えられる. 複雑な思考の切り替

[Note]

マシュマロテスト

　日本の幼児はあまり好んで食べないが，欧米の子どもはマシュマロが大好きである．このマシュマロを使って米国のミシェル博士らは，幼児の感情の制御を研究した（Mischel, et al., 1972；Mischel, et al., 1989）．この研究は「マシュマロテスト」として知られている．なお関連する動画はインターネットでも見ることが可能である．

　まず，実験者と机に向かって座っている子ども（3歳半から5歳半）が1人いる．子どもの目の前の机の上に，子どもたちが好きなマシュマロが1個だけ置いてある．部屋にあるのはこれだけで，他には何もない．実験者は「私が部屋から出てまた部屋に戻って来るまでに食べずに待てたら，ご褒美にマシュマロをもう1個あげましょう」と子どもに伝える．実験者が来るまで待てない場合は，ベルで呼ぶと実験者が来ることになっている．待てずにマシュマロを食べてもかまわないが，ベルで呼んだり，食べてしまったりした場合は，マシュマロは1個しか食べられないことも伝えておき，ベルを渡して実験者は立ち去る．概ね15分程度子どもに待ってもらい，その間子どもは，マシュマロから目を背けたり，マシュマロの粉を舐めてみたり，とさまざまな行動を取り，食べたい欲求を抑えようとする．もちろん誘惑に負けてしまう子どももいるが，その傾向は特に低年齢の子どもで顕著であった．結局3分の1程度の子どもしか2個目のマシュマロにありつけなかったようである．

　この研究は気をそらす――特に楽しいことを考えているときに我慢できることを示した研究なのだが，さらに続きがある．ミシェル博士らは，10年ほど経ってマシュマロを我慢できた人とできなかった人でどういった特徴があるのかを調べた（Mischel, et al., 1988；Shoda, et al., 1990）．その結果，マシュマロを食べずに我慢できた子どもは，そうではない子どもと比べて学力や対人スキル，問題が起こったときの対処スキル，ストレスなどの対処スキルが高いことがわかった．近年，この実験に参加した人たちを集めた脳活動による検討も行われており（Casey, et al., 2011），右下前頭回と腹側線条体で我慢できた人とそうではない人との間で脳活動の違いが認められている．

　ところがその後，マシュマロテストの成績よりも家庭の経済状態や子どもの認知機能のほうが，将来の子どもの学力や行動に与える影響が強いことがわかっている（Watts, et al., 2018）．もちろん，この研究は我慢する力が重要ではないことを意味しているわけではなく，子どもの発達にはさまざまな認知機能が関与し，子どもの発達を支える環境要因も重要である，ということを示している．「結果予期」（p.54参照）にも関係するが，自分の欲求を我慢する経験があると，のちにもたらされる結果の見通しが立ちやすく我慢できるかもしれない．一方でそういった経験がない場合，幼児が目の前のマシュマロを食べてしまうのは，ある意味当然の結果であるかもしれない．

えは，児童期に入ってからさらに成長していく．

- 社会情動的スキルは，認知的スキルとは異なり評価や測定が難しい．本人の生来的にもっている気質などにもよるが，環境要因などによって変化しやすいものであるとされている．

▶ 保育現場における認知的スキルと社会情動的スキル

- 保育現場では，年齢相応の身辺自立といった日常生活スキルにとどまらず，遊びや与えられた役割，課題をやり遂げるために必要なスキルが求められる．
- 幼児が学ぶ際，既存の知識も用いながら記憶したり推論したりすることもあるが，その際に遊びたい衝動を抑えたり，楽しむといった感情的な側面も上手に制御したり，主体的に他者から学ぶ際には，他者を尊重したり配慮したりすることも必要となる．
- 特に年長児においては，小学校との接続も視野に入れ，生きる力の知的側面である「確かな学力」の基盤となる，文字や数への知的好奇心をもって学ぶ力といった「認知的スキル」と，こうした文字や数の学習を支える自主的に学びに取り組む力，粘り強く取り組む力，他者と協働して取り組む力，感情を制御する力といった「社会情動的スキル」の双方をバランスよく育むことが重要である．

> 社会情動的スキルの重要性を提起したヘックマン（2013）は，認知的スキルを軽視しているわけではなく，どちらも同程度重要であることを指摘している．

② 動機づけと自己効力感，自己肯定感

- 幼児にとって認知的スキル，社会情動的スキルは，ともに保育や日常生活の実体験のなかで発達・成長させていくものである．その際の原動力となるのが，「したい」「やってみたい」という好奇心や興味関心である．
- 自立心は，保育のなかでは体験を通して「自分はできる」といった自己効力感，そして認められたり褒められたりすることで自分に自信をもつといった自己肯定感も育むうえで大きな支えとなる．これらは行動を起こしたり，行動を続けたりする際の動機として働くほか，子どもの発達・成長に対して重要な役割を担っている．

▶ 動機づけ

- 上淵(2019)は，動機づけを「行動や心の活動を，開始し，方向づけ，持続し，調整する，心理行動的なプロセス」として，次の6つを動機づけの特徴としている．

上淵寿．序章 動機付け研究の省察—動機付け・再入門—．編著：上淵寿・大芦治『新・動機付け研究の最前線』北大路書房．2019. p.1-19.

1. 心理行動的プロセスが始発する契機(動機)がある
2. 心理行動的プロセスには目標(目的)があり，目標に向かうという意味で方向性(志向性)がある
3. 心理行動的プロセスには強さ(強度)がある
4. 心理行動的プロセスを続ける(持続性)が，時間は限定的
5. 心理行動的プロセスの制御・調整がある(これは特徴に含めない人もいる)
6. 上記のすべての特徴は変化しうる

- 重要な点として，動機づけとは，人が目的や目標に向かって行動を起こすという前提があり，その行動を維持するための心や行動のプロセスであるということである．動機づけと自己効力感は密接な関係がある．
- 自分の内的な要因(「食べたい」「飲みたい」などの生理的欲求に加え，「やりたい」「欲しい」「認められたい」などの心理・社会的欲求)は「動因」(欲求とほぼ同義)と呼ばれ，外的な要因(行動を褒めてもらう，行動に対して得られる報酬など)は「誘因」と呼ぶ．
- 内発的動機づけとは，動因など本人の内的な欲求や好奇心，興味関心などによってもたらされる動機づけであり，それらに基づいた行動は，行動そのものが目的となる．
- 外発的動機づけとは，外から与えられた行動を達成するための動機づけである．たとえば，行動を起こすことによって金銭がもたらされる場合，金銭という報酬が動機づけとなり，義務として行わないと罰がもたらされる場合，罰を回避することが動機づけとなる．つまり，外発的動機づけに基づいた行動は，こうした動機づけとなっているものを得る(または回避する)目的で行うものであり，行動とその目的を分けることができる動機づけといえる．

▶ 自己効力感

Bandura A. Self-efficacy : Toward a unifying theory of behavioral change. Psychological Review. 1977 : 84 (2). 191-215.

成田健一, 下仲順子ら. 特性的自己効力感尺度の検討―生涯発達的利用の可能性を探る―. 教育心理学研究. 1995 : 43(3). 306-14.

- 自己効力感(self-efficacy)とは, バンデューラの社会的学習理論(Bandura, 1977)における中心的な概念として知られ, 個人がある状況において必要な行動を効果的に遂行できる可能性の認知を指す(成田ら, 1995). 自己効力感は, 何らかの自己の経験を通して生まれる信念のようなものといえる.

- バンデューラは, 自己効力感は自然と生まれるものではなく, 達成経験(自分で実際に行動を行い, 目標を達成する経験), 代理経験(他人の行動を観察する経験), 言語的説得(自己強化や他者から言語的な説得や暗示による経験), 情動的喚起(自身に起こる生理的な反応の変化による経験), 創造的体験(架空の物語など現実にはない創造物による経験)を通して個人が自ら作り出していくものであるとしており, 行動変容に影響を及ぼしている先行要因として「効力予期」と「結果予期」をあげている(中澤ら, 1988).

中澤潤, 大野木裕明ら. 社会的学習理論から社会的認知理論へ―Bandura理論の新展開をめぐる最近の動向―. 心理学評論. 1988 : 31(2). 229-51.

- 効力予期とは, ある結果を生み出す行動ができる, またできる見通しがあると認識することである. たとえば, 縄跳びを100回飛ぶという目標があり, それに向けて幼児が練習するとする. 練習し始めは上手くいかなくても「3回なら飛べそう」, そして「続ければ飛ぶことができる」といった見通しがもてるようになると, 縄跳びの練習をさらに続けようとする. これが「効力予期」にあたり, 自己効力感はこの効力予期をどのくらいもっているかを認識することである.

- 結果予期とは, 今行っている行動が結果を生むと認識することである. 縄跳びをいきなり100回飛ぶことは無理だが, 「この練習をすれば100回飛べるようになる」といった目標行動に対して結果を認識できるようになると, 行動を続けようとする. これが「結果予期」にあたる. こうして実際に成功したときに直接経験として達成感が得られる.

- 結果予期は, 学業成績や知能の向上に関係することから学力低下の保護因子になる一方, 自己肯定感が低い子どもや貧困層の子どもはもちにくいともいわれており(Claro, et al., 2016), 精神的な健康度や環境的な要因も十分に配慮しながら自己効力感を高める経験を積ませることが必要となる.

Claro S, Paunesku D, et al. Growth Mindset Tempers the Effects of Poverty on Academic Achievement. Proceedings of the National Academy of Sciences of the United States of America, 2016 : 113(31). 8664-8.

- 自己効力感は, 子ども自身の経験を通して「できる」「やれる」と認識することである. 縄跳びがある程度飛べるようになると, 他者から「すごい」と賞賛され, 親や教師, 保育者から褒められることで自信がつき, 肯定的な自己イメージや自尊心が生まれる.

Bandura A. Self-Efficacy Mechanism in Human Agency. American Psychologist. 1982 : 37. 122-47.

- 図2は, 自己効力感と行動によってもたらされる結果を示した図である(Bandura, 1982). バンデューラによれば, 自己効力感が高く, もたらされる結果が高い人の場合, 積極的に努力をし, 必要に応じて環境を変えようと

図2 | 自己効力感ともたらされる結果との関係

もたらされる結果

高い ← → 低い

自己効力感

高い

自信に満ちた適切な行動 (assured, opportune action)	社会的活動 (social activism) 抗議・反対 (protest) 不平・不満 (grievance) 社会的環境の変化 (milieu change)
自己価値の低下 (self-devaluation) 落胆・失望 (despondency)	逃避 (resignation) 無気力・無関心 (apathy)

低い

(参考：Bandura A. Self-Efficacy Mechanism in Human Agency. American Psychologist. 1982：37. 122–47.)

する．自己効力感が高くもたらされる結果が芳しくない人の場合，必ずしも行動を止めたりはしないが，効果が低いと思ったらすぐに諦める．

• 自己効力感が低く，もたらされる結果が低い人の場合，無気力・無関心になる．自分のことを能力がないと思う一方で，似たような人が成功しているのを見ると，自己批判と抑うつを招く可能性があるとバンデューラは指摘している．自己効力感が低く，よい結果がもたらされた人の場合，その非効率性に苦しんだり，自分の能力に落胆したりすることがある．

▶ 自己肯定感

- **自己肯定感（self-esteem）は，自己有能感や自尊心ともいわれ，自分自身の
  ことを肯定的にとらえる感情や態度のことを指す．** 他者の評価や他者に認め
  られた経験などによって高まるほか，先ほど触れたように**自己効力感が高く
  なることによって，自分の能力や存在を肯定的にとらえることで高まる．**

- 自己肯定感の低さは，学習や人間関係の失敗から得られた結果である場合，
  動機づけが低い原因のように語られることがある．たとえば，自分に自信が
  ない，自分には能力がなくダメな人間だ，といった自己肯定感の低さが，学
  習や人間関係に影響を与えている，という場合が多いかもしれない．この場
  合は，発達の最近接領域を意識した目標設定のもと，成功体験を積めるよう
  に保育者など援助する側が関わることで，まず自己効力感が上がり，これら
  の積み重ねによって，子どもは自分の能力や存在を肯定的にとらえるように
  なる．

発達の最近接領域
➡ 第 1 章 2　p.24 参照

- 自己肯定感は，自分の感情をコントロールする能力と関係がある．特定の行
  動に対して意欲的に取り組むには，自らを肯定的にとらえ，自信をもつこと
  が必要となる．

▶ 自己効力感を得るための保育設定

- 保育の場には，体験的な要素がふんだんに取り入れられている．さまざまな
  体験を通して，子どもは自己効力感を高めていく．この場合，自己効力感を
  得るために，目標の達成に向けた計画力，そして何よりそれをやり続ける自
  己制御能力といった社会情動的スキルが随所に関係してくる．当然，既知の
  知識をどのように活用したらよいか，友達が上手に縄跳びを飛んでいるとこ
  ろを観察して真似たり，自分がどこを修正すればよいのか考えたりする力と
  いった認知的スキルも用いることで，より効率よく学習することが可能にな
  る．

中澤潤，大野木裕明ら．社会
的学習理論から社会的認知理
論へ―Bandura 理論の新展開
をめぐる最近の動向―．心理
学評論．1988：31（2）．229-51.

- 自己制御スキルの要素としてバンデューラは，自己効力感，自己評価，目標
  設定，分析的思考をあげ，経験から得られた自己効力感は自身の目標行動の
  設定や状況の認知的解釈・判断の基礎となり，これらに基づいて遂行され，
  またそれが次の自己効力感の基盤となる，と述べている（中澤ら，1988）．こ
  うしたスキルは当然幼児が生まれもっているものではないことから，保育現
  場では，内発的な動機づけをベースに，子ども自身で考え，自ら判断して行
  動できる環境を保障し（ときには仕掛けを作る），できたという有能感を得ら
  れるようにすることが重要である．

自立心につながる保育での関わり

- 粘り強さや自己制御能力といった社会情動的スキルを直接的な介入によって，子どもに身につけさせることは，研究上有効なエビデンスとして得られておらず，現時点では難しいとされている．加えて，特定のスキルに対しての訓練効果は高くはなく，多面的な内容を含む，より包括的なプログラムの方が子どもの発達全体をサポートする可能性が指摘されている（Smithers, et al., 2018）.

- 実行機能については，遺伝的要因でだけで決定されるものではなく，環境的要因が重要な役割を果たすことが示唆されている（Fujisawa, et al., 2017）.

- 教育者・保育者としては何をすべきなのだろうか．たとえば，グリットと呼ばれる粘り強さ（物事に対してすぐに諦めずに取り組む姿勢）は，一朝一夕で身につけることは難しい．だが，子どもはある特定の環境や心理状態に置かれたとき，大人が想像もしなかったような粘り強さや忍耐力をみせることがある．これは，子どもが必ずしも「突然粘り強さを身につけた」ことを示しているわけではない．保育の環境と子ども一人ひとりの心のもちようが，粘り強さを生み出すのである．

- 保育現場では，粘り強さそのものを身につけさせるために訓練するのではなく，粘り強さを発揮する環境構成とそれを支える工夫が重要であろう．こうした環境の下で粘り強い行動を子どもがとることで，肯定的な結果として現れ，その行動の積み重ねが，自己効力感と自己肯定感を生む．

- 保育での関わりで重要なのは，自己効力感のところで述べた「効力予期」と「結果予期」である．つまり「努力をすれば成功する」といった信念を子どもにもたせることである．そして保育者はその行動が子ども自身にとって大切なことである，という価値づけを促すことが求められる．能力が成功の可否を握らないこと，努力をすれば達成可能であること，そしてこの行動は子ども自身にとって非常に価値があり，重要なものであるということを保育の場で強調し，その環境を保育者が整える必要がある．

- 自立心は，始めにも触れた通り教師や保育者との信頼関係を基盤にしている．信頼関係とはまさに環境であり，その環境づくりが信頼関係を作る．子どもにとって信頼関係のある環境とは，子ども自身が「教師・保育者が自分の存在を認めてくれている」「他の子どもたちみんなが自分を受け入れてくれている」という実感をもつことができる保育環境である．

Smithers LG, Sawyer ACP, et al. A systematic review and meta-analysis of effects of early life non-cognitive skills on academic, psychosocial, cognitive and health outcomes. Nature Human Behaviour. 2018：2(11). 867-80.

Fujisawa K, Todo N, et al. Genetic and environmental influences on the development and stability of executive functions in children of preschool age：A longitudinal study of Japanese twins. Infant and Child Development. 2017：26(3). e1994.

話し合ってみよう

子どもが粘り強い行動を発揮する環境設定とは？

　皆さんも経験したことがあるでしょうか．あまり目立たなく，消極的な子どもが，何か役割を与えられたとき，見違えるほどその役割を務めあげたり，自分自身についてもその場で無理だと思っていたけれど，結果的に成し遂げたなど，自身や他者が想像以上の能力を示すことは実際にあります．これは，急に粘り強さ（グリット）が備わったのではなく，むしろ環境がそうさせた，というほうが正しいかもしれません．親は親になって初めて親になり，先生は先生になって初めて先生になるわけです．

　自立心で重要な「粘り強い」行動をどうしたら子どもが発揮できるでしょうか．普段あまり積極的な行動をとらない，自信がなくすぐに諦めてしまう子どもを想定して，具体的な保育場面において，どのような環境で，どのような役割を子どもに準備すると粘り強い行動をとることができるかをあげてみましょう．そして，その際にこれまで学んだことを生かして，どうしたらその行動をやり遂げられるかを考えてみましょう．

　なお環境とは，保育環境すべて，すなわち時間設定や，場所，道具のほか，保育者自身および保育者の言葉かけや態度も含みます．

Discussion Point

▶子どもにどのような役割を準備するか？

▶保育者はどのような環境構成をする必要があるか？

▶保育者の具体的なサポートとして何があるか？

▶他児に対する配慮は？

◉ 文献
- Bandura A. Self-efficacy：Toward a unifying theory of behavioral change. Psychological Review. 1977：84(2). 191-215.
- Bandura A. Self-Efficacy Mechanism in Human Agency. American Psychologist. 1982：37. 122-47.
- Claro S, Paunesku D, et al. Growth Mindset Tempers the Effects of Poverty on Academic Achievement. Proceedings of the National Academy of Sciences of the United States of America. 2016：113(31). 8664-8.
- Fujisawa K, Todo N, et al. Genetic and environmental influences on the development and stability of executive functions in children of preschool age：A longitudinal study of Japanese twins. Infant and Child Development. 2017：26(3). e1994.
- ヘックマン JJ．訳：古草秀子『幼児教育の経済学』東洋経済新報社．2015.
- 文部科学省．幼稚園教育要領．2008.
- Moriguchi Y, Hiraki K. Neural origin of cognitive shifting in young children. Proceedings of the National Academy of Sciences of the United States of America. 2009：106(14). 6017-21.
- 中澤潤，大野木裕明ら．社会的学習理論から社会的認知理論へ—Bandura理論の新展開をめぐる最近の動向—．心理学評論．1988：31(2). 229-51.
- 成田健一，下仲順子ら．特性的自己効力感尺度の検討—生涯発達的利用の可能性を探る—．教育心理学研究．1995：43(3). 306-14.
- Smithers LG, Sawyer ACP, et al. A systematic review and meta-analysis of effects of early life non-cognitive skills on academic, psychosocial, cognitive and health outcomes. Nature Human Behaviour. 2018：2(11). 867-80.
- 上淵寿．序章 動機付け研究の省察—動機付け・再入門—．編著：上淵寿・大芦治『新・動機付け研究の最前線』北大路書房．2019. p.1-19.

◉ 学びを深めるための参考図書
- ミシェル W．訳：柴田裕之『マシュマロ・テスト—成功する子・しない子』早川書房．2015.
- 森口祐介『自分をコントロールする力—非認知スキルの心理学』講談社．2019.
- 経済協力開発機構．監訳：無藤隆，秋田喜代美『社会情動的スキル—学びに向かう力』明石書店．2018.
- タフ P．訳：高山真由美『成功する子失敗する子—何が「その後の人生」を決めるのか』英治出版．2013.
- タフ P．訳：高山真由美『私たちは子どもに何ができるのか—非認知能力を育み，格差に挑む』英治出版．2017.
- 中室牧子『「学力」の経済学』ディスカヴァー・トゥエンティワン．2015.
- 中山芳一『学力テストで測れない非認知能力が子どもを伸ばす』東京書籍．2018.

◉ Noteの文献
- Casey BJ, Somerville LH, et al. Behavioral and neural correlates of delay of gratification 40 years later. Proceedings of the National Academy of Sciences of the United States of America. 2011：108(36). 14998-5003.
- Mischel W, Ebbesen EB, et al. Cognitive and attentional mechanisms in delay of gratification. Journal of Personality and Social Psychology. 1972：21(2). 204-18.
- Mischel W, Shoda Y, et al. The nature of adolescent competencies predicted by preschool delay of gratification. Journal of Personality and Social Psychology. 1988：54(4). 687-96.
- Mischel W, Shoda Y, et al. Delay of gratification in children. Science. 1989：244, 933-38.
- Shoda Y, Mischel W, et al. Predicting adolescent cognitive and self-regulatory competencies from preschool delay of gratification：Identifying diagnostic conditions. Developmental Psychology. 1990：26(6). 978-86.
- Watts TW, Duncan GJ, et al. Revisiting the marshmallow test：A conceptual replication investigating links between early delay of gratification and later outcomes. Psychological Science. 2018：29(7). 1159-77.

5

協同性──社会性の発達

学習のポイント

1. 乳幼児期の社会性の発達を理解することができる.
2. 保育の現場において，協同性を発揮できるような「場」を作り出すための援助のあり方
   を理解する.

　　人間は誕生のときから他者との関わりを求め，他者との関わりのなかで生きていく，社会的な存在である．本項では，乳児期から幼児期にかけて，子どもが他者（養育者や同年齢の仲間）とどのような関係を築き，そのなかでどのように成長・発達していくのか，社会性という視点から考えていく．

1 乳児期における「社会性」の発達

- 「社会性」は一般的にも幅広く用いられている言葉である．「社会性」は「個人が自己を確立しつつ，人間社会の中で適応的に生きていく上で必要な諸特性」（繁多，1991）と包括的に定義される．排泄や食事，着替えなどの基本的生活習慣の確立は広く社会性に含まれる．また，どのような友達とも仲良く遊ぶ姿を見て「社会性がある」と言ったり，いつも一人で遊んでいる子どもを見て「あの子には社会性がないのかしら」と気を揉んだりするときに引き合いに出される社会性は「対人関係を円滑に営むための能力」「人と関わる力」という意味で用いられている．

- 社会性の発達には2つの方向があることがわかる．1つは，一人ひとりの独自性が明確になり自己を確立していく「個性化」のプロセス，もう1つは他者とともに生き集団に適応していく「社会化」のプロセスである．人は親や養育者，きょうだい，友達などさまざまな人との関わりを通して，「自己」を作り上げていく．また，自らもその一員として社会を織りなし（＝社会化），決まりやルールを身につけ生活を営むようになっていく．その両面が社会性の発

繁多進．社会性の発達とは．編集：繁多進，青柳肇ら『社会性の発達心理学』福村出版．1991．p.9-16.

達である.

▶ 乳児期の社会性

- これまでの研究で「有能で能動的な赤ちゃん」という見方を支持する知見が数多く積み上げられてきている. しかし, 乳児がどれほど能力を有していようとも, 「一人で生きていくことはできない」ということは変わらない事実である. だからこそ, 他者と関わり結びつく力が生得的に備わっていると考えることができる.

- たとえば, 新生児微笑と呼ばれる現象がある. これは原始反射の一種であるといわれるが, 養育者と赤ちゃんとを結びつける役割があると考えられる. 「にっこり」と笑顔が表出されることで, 「親」となって数日間の不安な気持ちや落ち着かなさに対して安堵を与えることになる. 周りにいる大人も「あ, 笑った」と惹きつけられ, 抱っこしてみたり, あやしてみたりするなどの養育行動を引き出すきっかけになる. それが人に向けた「社会的微笑」の基盤にある.

- 新生児が母親の独特の調子やリズムの話しかけに同調して身体を動かす相互同期性がみられることをエントレインメントと呼ぶ(Condon, Sander, 1974). また生後間もない新生児には, 大人の顔動作(舌出し, 口の開閉など)を模倣する, 生得的能力としての新生児模倣がみられる(Meltzoff, Moore, 1977). この行動は, 共鳴動作とも呼ばれ, 無意識的な模倣と考えられている. これらの事実は, 赤ちゃんが他者と相互に身体的に関わり結び合う仕組みが備わっていることを示している.

- 赤ちゃんは人と結びつかなければ生きていけない. この事実から独自な発達論を組み立てたのが児童精神科医であり発達心理学者のワロン(Wallon, H.)である. 生まれて間もない赤ちゃんは, お腹が減るなど自分ではどうすることもできない状態に置かれたときに「泣き声」を発する. すると, その泣き声を聞いた養育者は, 「お腹が空いたのかな」「オムツが濡れて気持ち悪いのかな」「何かむずむずして抱いてほしいのかな」などと考え, 赤ちゃんの泣きに応える. 赤ちゃんにできるのは泣いて身体で表出するだけであるが, それらのことが養育者に「伝わる」ようになっていく. 赤ちゃんのできないことを養育者がしてあげることを通して, 赤ちゃんの望むことが共同的に達成されていく.

- 生後3か月頃になると, 赤ちゃんと母親のあいだに「情緒的共生」が成立してくる(Wallon, 1983). 泣いて笑って, 赤ちゃんと養育者が情緒を共有し一体のものとしてつながり合う, 包まれていることが乳児期の発達にとって重要

Condon WS, Sander LW. Neonate movement is synchronized with adult speech : interactional participation and language acquisition. Science. 1974:183. 99-101.

Meltzoff AN, Moore MK. Imitation of facial and manual gestures by human neonates. Science. 1977 : 198. 75-8.

ワロン, H. 訳:浜田寿美男『身体・自我・社会:子どものうけとる世界と子どもの働きかける世界』ミネルヴァ書房. 1983.

な意味をもつようになる．情緒的なつながりの重要性が明らかになったのは，養育者が不在の子どもたちの姿を通してであった．

▶ アタッチメント

アタッチメントとは，一般的に人が特定の他者とのあいだに築く緊密な「情緒的絆」といわれている（遠藤，2005）.

遠藤利彦．アタッチメント理論の基本枠組み．編集：数井みゆき・遠藤利彦『アタッチメント：生涯にわたる絆』ミネルヴァ書房．2005．p.1-23.

Bowlby J. Attachment and Loss：Vol.I, Attachment. Basic Books. 1969.

- 児童精神科医のボウルビィ（Bowlby, J.）は，自身の臨床経験から，「母性的剥奪（マターナル・ディプリベイション）」にさらされた子どもたちに，さまざまな心身発達の遅滞や歪みがあることを見出し，乳児期の子どもの成長・発達におけるアタッチメントの重要性を主張した．

- アタッチメントのアタッチは「誰かの身体にくっつくこと」を意味する．これは危機的な状況に接して，不安や恐れなどネガティブな感情を経験したときになされる．ボウルビィの述べた「アタッチメント」とは，「危機的な状況に際して，あるいは潜在的な危機に備えて，特定対象との近接を求め，またこれを維持あるいは回復しようとする生物個体の傾性」のことであって，母子のあいだの愛情の関係のような抽象的なものではなかった（Bowlby, 1969）．思いがけない事態で怖くなったり，不安を感じている子どもが養育者を求め身体にくっつくといった身体相互の接触の重要性を述べたものである．赤ちゃんはそうすることで情緒的な安定に加えて生理的にも安定する（体温や血圧など）．

- このように特定の他者とのあいだにアタッチメントが形成されることで，養育者を「安全基地」として，外の世界と関わり，少しずつ親から離れた一歩を歩み出せるのである．

Ainsworth MDS, Blehar MC, et al. Patterns of attachment：A psychological study of the strange situation. Lawrence Erlbaum. 1978.

- アタッチメントのあり方には，個人差があることが知られている．エインスワース（Ainsworth, M.D.S.）はストレンジ・シチュエーション法（SSP）を開発し，養育者との分離時と再会時の反応を3つのタイプに分類している（Ainsworth, 1978）．

- それによると，親との分離にあまり混乱を示さないタイプ（Aタイプ），分離に混乱を示すが親とスムーズに再会できるタイプ（Bタイプ），分離時の混乱が強く，再会後も親に怒りを向け立ち直りにくいタイプ（Cタイプ）があるという．現在では，行動全般が不自然で，突然怯え出すなどのタイプ（Dタイプ）も指摘されている（遠藤，2005）．

遠藤利彦．アタッチメント理論の基本枠組み．編集：数井みゆき・遠藤利彦『アタッチメント：生涯にわたる絆』ミネルヴァ書房．2005．p.1-23.

- 不安な場面に対する子どもの反応は，一人ひとりがもって生まれた気質とそれに応える養育者との関わりを通して作られていく．養育者から少し離れて活動できる子もいれば，離れることに不安を感じ怒る子どももいるし，不安を感じても養育者が戻って来れば落ち着く子どももいる．身体を寄せ合い，安定した情緒を過ごし，不安が生じても受け入れられ，そうやって養育者に

依存することが，のちに**自立へと向かう一歩になる**．身体接触を通して，その安全基地が内面化されるようになる．これを**インターナル・ワーキング・モデル（IWM）**と呼ぶ．心の中に養育者を思い描くことができるようになることで，自立への歩みを進めていくのである．

IWM：internal working model

▶ 自分の足で歩く＝依存から自立へ

- テーブルの端につかまり立ちし，足を一歩前に踏み出して，一歩，もう一歩，どしんと尻餅をつく．そこで「やったー」と養育者からの声があがる．初めて歩いたときには養育者は喜びをもって子どもを受け止める．一方，**歩くという行為は，親から離れる方向への歩み，自立の始まりも意味する**．ここでは，歩くことによって広がる乳児の世界と，それがもたらす養育者との関係の変化について見ていこう．

- 歩行が始まるまでのおおよそ1年間，子どもにとって養育者は欲求を満たしてくれる存在としてある．たとえば，お腹が空いて泣くと母乳やミルクがやってくる，おむつが不快になって泣くと交換してくれる．心地よく過ごしていると微笑みかけてくれる．このように子どもの快・不快に寄り添ってくれるのが養育者である．

- しかし，子どもが寝返りをしてハイハイができるようになると状況は一変する．子どもにとって養育者は少しずつ意にそぐわないふるまいを始める．机の下を這っていきたいが別の方向に誘導される．台所に入って行こうとすると柵が設けられ妨げられる．「ダメだよ」という声が聞こえてくる．

- そして歩行である．歩行は手や腕を地面から解放する．手を自由に動かせるようになることで，身の回りのものに触れて扱うことが可能になる．移動と手の使用を通して，子ども自身でできることが増えていく．歩行は，子どもの興味・関心をひらく革命的な出来事であり，未知の世界への第一歩となる．

- こうなると，養育者の側もただ見守るだけではいられなくなる．ビー玉を見つけ，歩いて行き，手で掴み，口に運ぼうとする．テーブルの皿を見つけては，手をかけて引っ張り，床に落とす．先が見える大人には，「ダメ」というだけにとどまらず，身体的に制止することも多くなる．

- 歩行の開始は，記憶に残る感動の時間ではあるが，子どもにとっても（また大人にとっても）楽園からの追放であるかもしれない．養育者は徐々に子どもの欲求を必ずしも叶えてくれない存在になっていく．しかし，子どもにとって養育者が自分の意にそぐわぬ相手として登場することが，自己を意識する働きである「自我」の芽生えの大切な一歩となる．

坂上裕子．歩行開始期における母子の共発達：子どもの反抗・自己主張への母親の適応過程の検討．発達心理学研究．2003：14(3)．257-71．

- 坂上（2003）は自立歩行がはじまり1歳後半から2歳にかけての子どもの反抗や自己主張の本格化に対し，母親がどのように適応していくのかを半構造化面接から検討している．それによると，母親は自分に余裕がないときには自身の意図に従わせる（自己視点に焦点化した対応をする）ことがあるが，子どもの興味関心の拡大や発達の実情に合わせて，自分の思いを譲歩したり対立の解決法を見出したりして，子どもの視点と自己の視点を調整して過ごしていることを明らかにしている．

- 子どもの興味関心を認めながらも，してほしくないことをどのように伝えるのか，すべてが初めての経験となる子どもにどのように伝えるのかは，養育者にとって難題である．買ったばかりの洋服で水たまりに寝転ぶこと，何でも口に入れて味わうこと，台所の道具すべてに触れてみたがること，大人はさまざまに予見して子どものふるまいを制止するのだが，そうであるからこそやってみたいという思いを強くしていく．

- このように子どもは，**養育者が自分とは異なる主体性や感情をもつ存在である，つまり「他者」であるということを認識し始めるのである**．

岡本夏木『幼児期—子どもは世界をどうつかむか』（岩波新書）岩波書店．2005．

- 岡本（2005）は，生活するうえで「自己実現」と「他者との関与」を統合していくことが子どもにとって中心的な課題になるという．子どもにはやってみたいことがたくさんある．工夫次第で大人と一緒にできることもあるかもしれないが，すぐに制止しなければならない危険な行為をすることもしばしばある．他者とともに生きるためには，自己の欲求を抑制したり先伸ばしすることも求められる．このような経験を通して「自分はこうしたいんだ」という想いが生まれてくると同時に，他者が自分とは違うということも理解し始める．つまり自他が分化し始める．**この両立し難い側面を生きることが，個性化と社会化の両側面でもある**．

- -

[Note]

ブラブラ期

　川田(2019)は，「魔の2歳」や「イヤイヤ期」と呼ばれる2歳代について，なぜそのように呼ばれるようになったのか幅広く考察している．日本では，大正時代から昭和戦前の時期にかけて「反抗期」という見方が一般的になったようである．

　しかしながら，文化が異なればだいぶ見方が異なり，チベットでは2〜3歳の子どもがどうしているかというと「ブラブラしている」とみなされるようだ．このような視点から日本の子どもたちの行動を見直してみると，子どもはたしかに「ブラブラ」している．川田によれば，ある保育所で増改築によって保育室から遠くにトイレがあって，子どもたちがトイレに行くとなかなか帰ってこないということが起きた．保育者は子どもたちに部屋に戻ってきてもらい，たくさん遊ばせたいのだがうまくいかない．しかし，見方を変えてみると，廊下から保育室に帰るまでの道のりで，あれこれと心惹かれるものに興味や関心を向けて，それらを確かめ「ブラブラ」としていたのだと理解できる．

　このように，1歳後半から2歳にわたる「反抗期」は，それを取り囲む社会のあり方と切り離せないのであり，どのような視点を取るかによって肯定的にとらえることも否定的にとらえることもできる．親の言いなりになるのではなく，ゆるやかな時間のなかで存分に自分がしたいことに興味を向けて過ごすことができる余裕やゆとりが子どもだけでなく養育者や保育者にもあれば，「ブラブラ」することができるかもしれない．

② 幼児期における社会性の発達

- 本節では，3歳になり，家庭における親子関係から離れ，保育所や幼稚園で同年齢や年齢の近い仲間と集団生活を営む時期の「社会性」の道筋をとらえていく．少子化が進み，家庭においてきょうだいが減少し，地域の同年齢の友達も減少している現状から，保育の場で自分以外の他者と関わる経験はますます重要になるといえよう．

▶ 遊びにおける社会的参加

- パーテン(Parten, M.B.)は子どもが初めて集団に入り，集団のなかで社会的

Parten MB. Social participation among preschool children. Journal of Abnomal and Social Psycology. 1932：27(3). 243-69.

パーテンの遊びの6タイプ
➡第4章13　p.163参照

に活動し始める時期に，遊びを社会的行動ととらえ，どのような遊びに参加しているのかを明らかにした（Parten, 1932）．「何もしていない・ぼんやりしている」「傍観者的行動」「一人遊び」「平行遊び」が3歳以降で徐々に減っていく．一方で「連合遊び」（会話をしたり，ものを貸し借りしたりして類似した活動をする遊び）や「協同遊び」（共通の目的があり役割分担のある遊び）が3歳以降に増加していく．

- パーテンの研究からは，「個」から「集団」へという遊びの発達的変化が読み取れる．ただし，「5歳児だから一人遊びはしない」というわけではない．状況によって3歳児でも「協同遊び」がみられることもある．

- 保育の場で集団生活を始める3歳児の頃には「一人遊び」や「平行遊び」が多くみられるが，それは新しい生活の場に慣れていくために必要なプロセスである．保護者から離れて間もない時期は，保育者に受け止められている，見守られているという信頼関係が成立することが大切である．このことは先に，「アタッチメント」が形成されることの重要性について指摘したことと重なり合う．保育者に依存することが，外の世界へ踏み出す一歩である．一人で安心して遊ぶ，そのなかで周りの子どもたちの存在を感じ取りながら，友達との距離が徐々に近づいていくのである．

▶ 自己主張と自己抑制

- 同年代の他者として友達と一緒に遊ぶようになると，自分のしたいことを主張する必要が生まれてくる．それが時に他者の主張とぶつかり，調整することも必要となる．場合によっては自分の要求を抑制することも求められる．

柏木恵子『幼児期における「自己」の発達：行動の自己制御機能を中心に』東京大学出版会, 1988.

- 柏木（1988）は，保育所・幼稚園の生活のなかで子どもがどのように自己を表現し抑制するのかについて，クラス担任・副担任による受け持ちの子どもの評価をもとに分析を行った．その結果が図1である．

- 自己主張・実現の得点の揺れには，自己主張できない時期やそれを乗り越え思いを実現できたりするなどして揺れ動く，4・5歳の時期の子どもの特徴があらわれている．友達との関係，あるいは園の生活のルールや善悪の理解などが絡みあい複雑に揺れ動いている．一方，自己抑制は，直線的に上昇しスムーズに獲得されていくと考えられるが，それは状況や場面にあわせた行動（「みんなそうしている」という同調的なふるまい）を重視する日本の文化的特徴のあらわれかもしれない．自己を律する力（自律性）は「抑制する」方向と「主張・実現」する方向が絡み合いながら成長していく．

図1｜自己主張・実現と自己抑制の年齢的消長

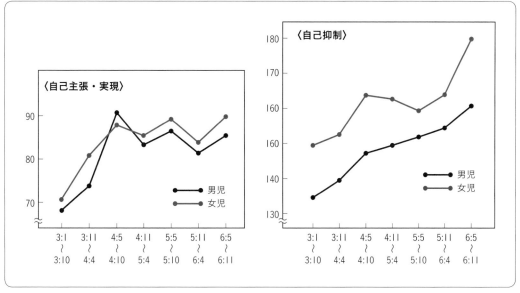

（柏木恵子『幼児期における「自己」の発達：行動の自己制御機能を中心に』東京大学出版会．1988．p.23.）

▶ いざこざ・ケンカ・トラブル

- 自分を抑えすぎてもうまくいかない．かといって主張しすぎてもうまくいかないのが他者との関係である．それが最も鮮明になるのが，要求と要求，主張と主張が対立し衝突する，いざこざ・ケンカ・トラブル（以下では「いざこざ」と総称する）の場面である．

- 起きないに越したことはないが，同じ年代の他者と関わり，関係の幅を広げていくなかで「いざこざ」から学んでいくことは多い．「いざこざ」のなかでみられるふるまいには，自己主張や自己抑制，他者理解，あるいは「思いやり」のような向社会的行動，道徳性や集団規範など，さまざまな能力が関連してくると考えられる．

- 斉藤ら（1986）は，集団に初めて参加した3歳児のいざこざの原因とその終結が1年を通してどのように変化するのか観察した．それぞれについて見ていこう．

斉藤こずゑ，木下芳子ら．仲間関係．編著：無藤隆，内田伸子『子ども時代を豊かに—新しい保育心理学』学文社．1986．p.59-111.

▶ いざこざの原因（図2）

- どの時期にも多くみられる原因は「物，場所の専有」である．なかでも「物の専有」をめぐる行動が8割を超える．物には限りがあり，それをどのように扱うのかがいざこざの発端になると考えられる．しかしそれだけではない．

図2 | 3歳児におけるいざこざの原因

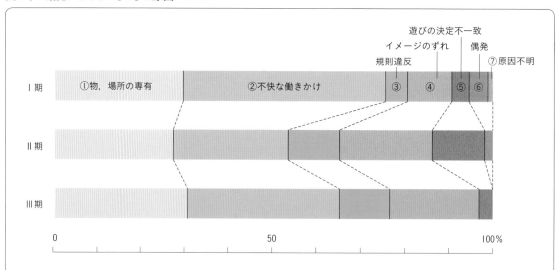

（斉藤こずゑ，木下芳子ら．仲間関係．編集：無藤隆，内田伸子ら『子ども時代を豊かに―新しい保育心理学』学文社．1986．p.74．）

ヴィゴツキー LS. 訳：神谷栄司『ごっこ遊びの世界』法政出版．1989．

Bakeman R, Brownlee JR. Social rules govering object conflicts in toddlers and preschoolers. Rubin KH, Ross HS(eds). Peer Relationships and Social Skills in Childhood. SpringerVerlag. 1982. 99-111.

山本登志哉，幼児期に於ける『先占の尊重』原則の形成とその機能―所有の個体発生をめぐって．教育心理学研究．1991：39(2)．122-32．

たとえば，「馬」という意味を扱うためには，それに類似した行為が可能な物の支えを必要とする．大人はどのような物でも馬として扱うことができるが，子どもは馬のような行為が可能な物でなければ，それを扱うことができない．次第に物から意味を切り離して扱えるようになっていくという．

- ヴィゴツキー（Vygotsky, L.S.）によれば，現実の生活において幼児期の子どもは物の意味的側面を物から切り離して扱うことが難しい．このことから，自らが展開する遊びの「意味」の世界にとって，物は取り替えの効かない構成要素となっていることが考えられる．すなわち，別の物ではなく「その物」でなければならない．だからこそ代用が効かないのであり，いざこざの原因ともなりうる（Vygotsky, 1989）．
- また，規則違反もいざこざの原因の一つである．物の使用に関わる規則についてベイクマン（Bakeman, R.）とブラウンリー（Brownlee, J.R.）は，先に物に触れている人がその物を使っているという「先行所有の規則」を3歳児頃には獲得していることを明らかにした．また，山本（1991）は「先占の尊重」の原則（先に使っている人を尊重して交渉が行われる）が3歳頃にみられることを明らかにしている．集団の生活に慣れるにしたがって，子どもは集団のルールや約束事に気づき始める．したがって，相互の主張はそれらに根拠づけられ，簡単には譲れないものとなる．思い通りにいかないことだからこそ，決まりやルールが求められ，学び取られていく．

▶ いざこざの終結（図3）

- いざこざの終結については，時期を通して「無視・無抵抗」が減少し，一方で「自然消滅」や「相互理解」による終結が増加する．ただし，「相互理解」とはい

図3 | 3歳児におけるいざこざの終結

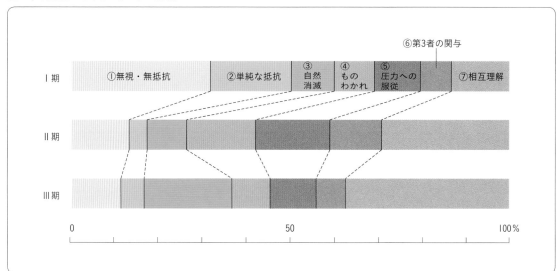

(斉藤こずゑ, 木下芳子ら. 仲間関係. 編集：無藤隆, 内田伸子ら『子ども時代を豊かに—新しい保育心理学』学文社. 1986. p.80.)

っても, 規則の理解が不十分であったり, 恣意的に規則が用いられたりする場面がみられる. たとえば, 「順番だよ」と言いながら順番を守らずに列に横入りしたり, 「ジャンケン」と言って自分の要求を通したりする姿である. このことから斉藤らは, 子どもの規則の理解の発達はまだ途上であると評価している.

- 大人はいざこざの場面に出会うと, 子どもに相互理解と合意形成, そして規則の遵守を期待する. 友達の思いに気づき自己の欲求を抑制し, 互いが納得する解決策を見出し, それを守ることが大事だと考える. しかし, 子どもは子どもなりの仕方で, 相手の気持ちを受け止め, 自己の欲求を表現し, いろいろな手立てを使って「不快な状況」を回避しようとしているのではないだろうか. さらには, 大人とは異なる仕方で遊びを回復させようとしているのではないか. 次頁のエピソードは, その一例である.

- このエピソードでは, 先生に助けを求めてはいるものの, 結果として自分たちの力でいざこざの終結に至った. 偶然の出来事が笑いを誘い, その場のネガティブな雰囲気を変えたことで, 謝ることが可能になった.

- 大人からすれば, また同じようなことが起きるだろう, そうならないために介入してルールを決めなくてはならないと思うかもしれない. しかし, そうすることで, かえって子どもを不快な状況におき, 関係性の悪化につながるかもしれない. あるいはルールを遵守させることでいざこざは減るが, 結果保育者の言いなりに動く集団になってしまう可能性もある(佐伯, 2014).

佐伯胖『幼児教育へのいざない：円熟した保育者になるために(増補改訂版)』東京大学出版会. 2014.

岡本夏木『幼児期―子どもは世界をどうつかむか』(岩波新書)岩波書店. 2005.

- 岡本(2005)は,遊びには「人はみんな仲良く」という原理があって,最低限の決まりを守って遊びを成立させているといい,それを「遊びの倫理」と名づけている.互いにやってはいけないことをわかっているからこそ集い,仲間のために抗議したり,あるいは謝るタイミングを見計らっている.大人の方法とは異なる子どもなりの解決の仕方には,対立を長引かせずに,お互いの思いを尊重しながら,一緒に遊びを展開することに向けたさまざまな方法があるのではないだろうか.

- 「いざこざ」という問題状況は,自分を含めた一人ひとりが互いに異なる主張や要求をもつ主体性をもった存在であることを認識するための重要なプロセスである.**異なる主張や要求に折り合いをつけていく経験を通して,自己を**

事例　**ゴール！！**

　朝の自由遊びの時間,「ゲームのキャラクターごっこ」(戦って遊ぶ)のさなか,ヒカリは力が入り過ぎてカズヤを叩きすぎてしまったようだ.カズヤが痛そうにしているのを見て遊び仲間のトモヤは「抜けてよ」とヒカリに詰め寄った.「お前が抜けろ」,ヒカリとトモヤは言い合いになる.トモヤは最終的に「先生」と助けを求め,ヒカリは怒って遊びから抜けた(※先生は,別の幼児と関わっていて,声が届かなかった).

　みんなから責められて引くに引けなくなったのだろう.腹の虫が治らなかったのか,ヒカリはボールを持ってきてみんなに投げつけた.すると,トモヤの身体にボールがぶつかった.トモヤも怒って応戦して,ヒカリにボールを投げ返した.すると,偶然ボールがホールのサッカーゴールに吸い込まれた.リサコは,笑いながら「ゴール！」と声を出した.すると,ヒカリも笑顔になって,トモヤにボールを今度は優しく投げた.トモヤはそのボールを受け取り,投げるとまたゴール.リサコの「ゴール」の声.その場は笑いに包まれた.「さっきはごめん,言い過ぎた」,ヒカリはカズヤとトモヤに謝り再び遊び始めた.

表現したり抑制したり，互いの感情を理解したり，集団の決まりやルールに気づき，ともに生きる術を身につけていくのである．

 ## ③ 協同性をめぐって

- 幼児期の子どもが他者とともに共通の目的に向かって活動を展開するには，どのような支援や援助が必要か．本節では，これまで見てきた知見から「協同性」を育むための保育について考えてみよう．

▶ 活動の基盤としての信頼関係と自発的活動

- 2017（平成29）年に改訂された保育所保育指針・幼稚園教育要領では，「幼児期の終わりまでに育ってほしい（10の）姿」が記載された．「協同性」はそのなかの一つとして，「友達と関わる中で，互いの思いや考えなどを共有し，共通の目的の実現に向けて，考えたり，工夫したり，協力したりし，充実感を持ってやり遂げるようになる」（保育所保育指針解説，2018, p.68）と記述されている．「10の姿」において重要な点は，「『幼児期の終わりまでに育って欲しい姿』が到達すべき目標ではないことや，個別に取り出されて指導されるものではないことに十分留意する必要がある」（同上，p.62）ということである．「協同性」のみを取り上げてそれを育成するのではないし，それが獲得されることが目的なのでもない．あくまでも子どもたちの日々の生活や遊びの活動を充実させていくことを通して，結果として見出されるようになる姿である．

- 子どもが育っていくためには，保護者や保育者とのアタッチメントに根差した信頼関係が形成されている必要がある．入園し集団生活が始まったときにはおとなしく見えていた子どもが，数か月経って園生活に慣れる頃，かえって親と離れられなくなったり，保育者の側から離れて活動ができなくなることがある．それは，単に「できなくなった」ということではなく，ようやく保育者との信頼関係が形成され，安心して園での不安を表現できるようになったことをあらわしている．問題なくスムーズに園での生活を営む子どももいる．入園時から激しく抵抗する子どももいる．一人ひとりがみせる姿に応じて信頼関係を形成していくためにも，日々の生活と遊びを充実させることが求められる．それゆえ，「子どもが協同して遊ぶようになるためには，まず一人一人がその子らしく遊ぶことができるように，自発性を育てることが基

┌─────────────────────────┐
│   話し合ってみよう   │
└─────────────────────────┘

次のような場面に遭遇したとき保育者として，どのような関わりができるのか話し合ってみよう.

　マサミチ，タイヨウ，アラタ（年長男子）の 3 人が，木箱やブロックを組み立て，特製のボタンや画面を設置するなど，自分たちの秘密基地を使っていた.

　外遊びが一段落してホールへやってきたユウヤ（年長男児）は「入れて」といって，タイヨウに話しかけた. タイヨウは「マサミチが始めた」と答えたが一緒に遊ぶのに抵抗はなかった. するとアラタが「3 人だけなんだよ」とユウヤを制止した.「なんで 3 人なの？」とユウヤが聞き返すと「マサミチが決めた」とアラタが言う. そこへ，マサミチが戻ってきた（部品を探しにいっていた）.

　ユウヤは「マサミチが決めたの？」と聞くが，マサミチは「違う違う」と応えた. けれども，3人はユウヤを遊びに入れたくないようで，アラタが「3 人しか入れない」と言うと，マサミチ，タイヨウも同調し，ユウヤを受け入れようとしなかった. ユウヤは，「じゃあいい」といってホールから出て行った.

　ホールを離れた廊下の片隅でユウヤは一人で涙を浮かべじっと泣くのを耐えていた.

盤に置かれなければならない」（保育所保育指針解説，2018, p.222）のである.

- 子ども一人ひとりが，保育者との信頼関係を軸として，自分のしたいことを見つけ，それに自ら取り組めるようになることが，「協同」の第一歩である.

▶ 協同の目的を共有するために

- では，子どもたちが生活の場で互いの思いや考えを共有し，共通の目的へ向かうようになるためには何が必要なのだろうか. 幼児期の子どもは「目的」

（意味）を，イメージや表象として思い浮かべることが難しい．活動において
どのような目的に向かっていくのかは，常に具体的な物によって担われる必
要がある．

- 長橋（2013）は，病院ごっこの縦断的観察から，物の配置が具体化され空間が
作り出されるとともに，それによってごっこの行為が引き出され，ストーリ
ーとして相互構成的に展開することを明らかにしている．どのような物を扱
うのか，それがどのような場所（空間）に配置されるのか，そしてそこで互い
が誰なのか（役割）が，具体化されていくことが，目的の共有化へとつながる
といえよう．

- このように，保育の場において，子ども一人ひとりの興味・関心が共通の目
的に向かっていくためには，イメージを具体化する物・道具が不可欠であり，
その時々の興味・関心に応じて柔軟に環境構成を組み換えていくことが保育
者には求められる．

▶ 保育者の立ち位置

- 佐伯（2014）は「協同性」も含め，保育の場において子どもの生活＝遊びが充実
していくために，「聴き入ること」の教育を提案している．

- 図4はそれぞれ保育者の立ち位置をあらわしている．子どもに対して横並び
的に「共同注視的スタンス」（図4a）で関わる子ども自身に「なって」，子ども
の思いや願いを共感して見る（図4b）．その子どもが見ている物についての
さまざまな展開可能性（「かもしれない世界」）を子どもと共に「考える」（図4c
アート的思考の展開）．その展開が未知なる可能性への道が垣間見られたと
き，「わくわく感」とともに示唆し，誘う（図4d「おどろき」に開かれる可能
性）．

- これは子どもと保育者の一対一の関係を図式化したものではあるが，この関
係性を「他の子どもが見ている」ということが，集団での保育である．「子ど
もと保育者が一緒になっておどろきをもって世界を見ている」ということを
見ている，そのような「わくわく感」に子どもは惹きつけられて集まってく
る．そこで互いの思いや願いが異なる子ども同士がやりとりを始めること
で，思いがけない展開が生じやすくなる．

- 「10の姿」を最終的なゴールとして保育を行うのでなく，今，子どもが心を
動かして夢中になっている世界に「共感」し，その先に広がる世界を一緒に思
い描くこと，その積み重ねが結果として「協同性」を始めとした「10の姿」に
結実していくのである．

「お店屋さんごっこ」をする
にしても，それを可能にす
る具体的な道具がなければ
イメージは広がらない．ま
た，同じ道具を使うからこ
そ，レジや買い物かご，品
物となる野菜やお肉，お菓
子，などのイメージが共有
される．

長橋聡．子どものごっこ遊び
における意味の生成と遊び空
間の構成．発達心理学研究．
2013：24(1)．88-98．

佐伯胖『幼児教育へのいざな
い：円熟した保育者になるた
めに（増補改訂版）』東京大学
出版会．2014．

図4 ｜ 子どもになって，子どもの見る世界を共に見る

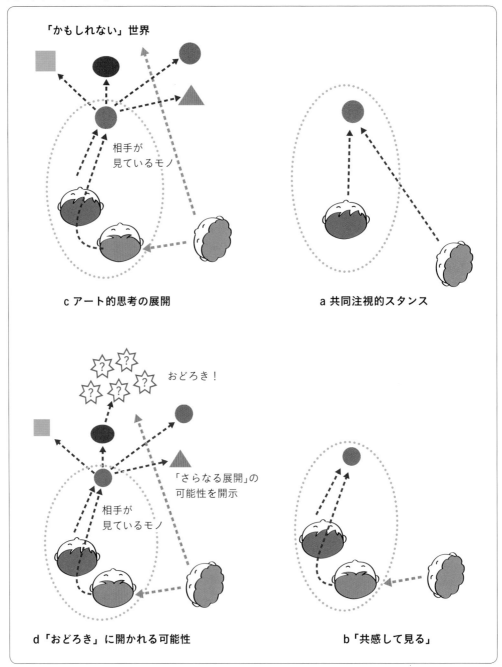

（参考：佐伯胖『幼児教育へのいざない：円熟した保育者になるために（増補改訂版）』東京大学出版会．2014．p.211.）

◉ **文献**

- Ainsworth MDS, Blehar MC, et al. Patterns of attachment : A psychological study of the strange situation. Lawrence Erlbaum. 1978.
- Bakeman R, Brownlee JR. Social rules govering object conflicts in toddlers and preschoolers. Rubin KH, Ross HS(eds). Peer Relationships and Social Skills in Childhood. SpringerVerlag. 1982. 99-111.
- Bowlby J. Attachment and Loss : Vol.1, Attachment. Basic Books. 1969.
- Condon WS, Sander LW. Neonate movement is synchronized with adult speech : interactional participation and language acquisition. Science. 1974 : 183. 99-101.
- 遠藤利彦．アタッチメント理論の基本枠組み．編集：数井みゆき，遠藤利彦『アタッチメント：生涯にわたる絆』ミネルヴァ書房．2005．p.1-23.
- 繁多進．社会性の発達とは．編集：繁多進，青柳肇ら『社会性の発達心理学』福村出版．1991．p.9-16.
- 柏木恵子『幼児期における「自己」の発達：行動の自己制御機能を中心に』東京大学出版会．1988.
- 川田学『保育的発達論のはじまり：個人を尊重しつつ，「つながり」を育むいとなみへ』ひとなる書房．2019.
- 厚生労働省：保育所保育指針．2017.
- Meltzoff AN, Moore MK. Imitation of facial and manual gestures by human neonates. Science. 1977 : 198. 75-8.
- 文部科学省：幼稚園教育要領解説．2018. p.11-2.
- 長橋聡．子どものごっこ遊びにおける意味の生成と遊び空間の構成．発達心理学研究．2013：24(1). 88-98.
- 岡本夏木『幼児期―子どもは世界をどうつかむか』(岩波新書)岩波書店．2005.
- Parten MB. Social participation among preschool children. Journal of Abnomal and Social Psycology. 1932 : 27(3). 243-69.
- 佐伯胖『幼児教育へのいざない：円熟した保育者になるために(増補改訂版)』東京大学出版会．2014.
- 斉藤こずゑ，木下芳子ら．仲間関係．編著：無藤隆，内田伸子『子ども時代を豊かに―新しい保育心理学』学文社．1986. p.59-111.
- 坂上裕子．歩行開始期における母子の共発達：子どもの反抗・自己主張への母親の適応過程の検討．発達心理学研究．2003：14(3). 257-71.
- ヴィゴツキー LS. 訳：神谷栄司『ごっこ遊びの世界』法政出版．1989.
- ワロン，H. 訳：浜田寿美男『身体・自我・社会：子どものうけとる世界と子どもの働きかける世界』ミネルヴァ書房．1983.
- 山本登志哉．幼児期に於ける『先占の尊重』原則の形成とその機能―所有の個体発生をめぐって．教育心理学研究．1991：39(2). 122-32.

◉ **学びを深めるための参考図書**

- 神田英雄『育ちのきほん―はじめての子育て0歳から6歳』ひとなる書房．2008.
- 吉村真理子『保育実践の創造(吉村真理子の保育手帳1)』ミネルヴァ書房．2014.

◉ **Noteの文献**

- 川田学『保育的発達論のはじまり：個人を尊重しつつ，「つながり」を育むいとなみへ』ひとなる書房．2019.

道徳性・規範意識の芽生え
─道徳・正義感の発達

学習のポイント

1. 幼児期の道徳的発達を理解することができる.
2. 善悪の判断やルールの理解について発達的な特徴を理解することができる.
3. 相手の立場に立った行動やルールの理解についての保育指導を考えることができる.

1 道徳性・正義感の発達

▶ 道徳心・道徳性

- 教育基本法では，教育の目的として人格の完成をめざすとあり，その目的を実現するために第2条には「豊かな情操と道徳心を培う」，幼稚園教育について述べた学校教育法第23条には「自主，自律及び協同の精神並びに規範意識の芽生えを養うこと」と書かれている．幼稚園教育要領にも「幼児期は人格形成の基礎を培う重要な時期」という記載がある.

- 道徳心の辞書的な定義は，「善悪を判断し善を行おうとする心」（大辞泉）であるが，保育所保育指針および幼稚園教育要領では，道徳性・規範意識の芽生えについて，「友達と様々な体験を重ねる中で，してよいことや悪いことが分かり，自分の行動を振り返ったり，友達の気持ちに共感したりし，相手の立場に立って行動するようになる．また，きまりを守る必要性が分かり，自分の気持ちを調整し，友達と折り合いを付けながら，きまりをつくったり，守ったりするようになる」としている.

- 幼稚園教育要領にもあるように，遊びや生活場面で幼児同士のトラブル場面において，保育者が適切な援助を行うことで幼児の道徳性・規範意識の芽生えを育んでいくことが望まれる（幼稚園教育要領，2009）.

文部科学省：幼稚園教育要領.
平成21年改訂. p.55-6.

▶ 道徳性の発達

≫ ピアジェの道徳課題

- ピアジェ(Piaget, J.)は道徳性の発達における先駆的な研究を行い，道徳判断を生み出す認知面での発達水準とその発達段階が道徳性の発達と関係があると考えた．ピアジェは道徳性には「**他律的な道徳**(ルールが一方的に大人から派生し，変更できない)」と「**自律的な道徳**(ルールは双方の同意によって変更が可能)」があるとし，この他律的な道徳から自律的な道徳への移行過程が道徳性の発達と定義づけた．

- ピアジェの道徳課題(Piaget, 1932)は，以下のAとBどちらが悪いかを子どもに問う課題である．

Piaget J. The moral judgment of the child. Kegan Paul. 1932.

A　男の子が戸棚の中にコップが押し込まれているのを知らず，戸棚の扉を開けてしまい，コップが落ちて15個割ってしまった．

B　男の子が戸棚の中のお菓子を盗み食いしようとして，戸棚によじ登った際に，コップを1つ割ってしまった．

- Aの場合，特段責められることはしていないが，起きた結果（損害）が大きい．一方，Bの場合，責められるようなことをしているが，Aより起きた結果（損害）が小さい．ピアジェは7歳未満の幼児では，Aのほうが悪いという判断が多く，その後の年齢の児童ではBの方が悪いと判断したことから，結果の重大さによって善悪を判断する「結果論的判断」から，行為を行った動機の善し悪しで判断する「動機論的判断」へと判断基準が変わるとした．

- だがピアジェは，幼児が意図を知らないとは述べておらず，意図や動機の概念は，幼児が「なんで？」と問いかけ始める時期とほぼ同時期の3～4歳頃に出現すると述べている．

- 絵やストーリーを用いて提示すると，3歳の幼児でもよい動機か悪い動機（わざとか，わざとではないか）という行動の動機に基づいて善悪の判断を行っているという報告もある．この研究は，ピアジェの「幼児は動機と結果のどちらかに基づいて判断する」といった観察結果から，動機と結果の間に何らかの論理的で必要な関連性を幼児が想定していることを示唆しており，子どもがもつ「良い」「悪い」の概念に影響された判断戦略を一貫して適用している可能性を示している（Nelson, 1980）．

- 3歳児では動機や意図の情報は行為を行っているものに適用され，罰や行為の可否にも動機や意図の情報を適用するのは，3歳を過ぎてからになる（Zelazo, et al., 1996）．

Nelson SA. Factors influencing young children's use of motives and outcomes as moral criteria. Child Development. 1980：51(3). 823-9.

Zelazo PD, Helwig CC, et al. Intention, act, and outcome in behavioral prediction and moral judgment. Child Development. 1996：67(5). 2478-92.

Kohlberg L. Stage and Sequence：The Cognitive-developmental Approach to Socialization. Rand McNally. 1969.（コールバーグ L，監訳：永野重史『道徳性の形成―認知発達的アプローチ』新曜社．1987.）

≫ コールバーグのモラルジレンマ課題

- コールバーグ（Kohlberg, L.）は，ピアジェの道徳発達をより洗練させ，対象を成人期までに拡大した．彼は，道徳判断はより認知的であり，普遍的，規則的な年齢発達を示すこと，そして道徳判断の発達が理解されれば，道徳的行為や道徳的感情の発達をよりよく理解でき，予測可能になると主張した（Kohlberg, 1969）．コールバーグらの研究では，モラルジレンマ課題を提示し，そのジレンマに対する回答からその人の道徳的発達段階を評定し，道徳判断の6つの発達段階として示した（表1）．

表1 | コールバーグの道徳判断の発達段階

レベル	正しいこと	正しいことを行う理由
レベル1　前慣習的レベル		
第一段階 **他律的道徳**	罰によって裏付けられた規則を破らないようにすること，人間や財産に対して損害を加えない．	罰を回避するために，権威者のもつ権力が強いので，正しいことを行う．
第二段階 **個人主義道徳的な意図と交換**	自分の利害や欲求と一致する行為，公平なこと，平等な取引，合意が正しい．	自分自身の欲求や利害関心を満たすために正しいことを行う．
レベル2　慣習的レベル		
第三段階 **対人的な総合関係，同調**	身近な人たちから一般的に期待されていることに従って行動することが正しい．善良であることが重要なこと．	善良な人間でありたい，規則や権威を維持することが望ましいという理由から正しいことを行う．
第四段階 **社会システムと良心**	合意されてきた現実の義務を遂行することが正しい．社会や集団，制度に貢献することが正しい．	一つの全体として運営されている制度を維持するために，また自分の責務を実行すべきという良心のために正しいことを行う．
レベル3　脱慣習的・原理的レベル		
第五段階 **社会契約，または効用と個人の権利**	規則は社会契約であり，守られるべきである．生命や自由といった価値や権利はいかなる社会においても守られるべきである．	全体の幸福のため，すべての人々の権利を擁護するために法を遵守する．
第六段階 **普遍的な倫理的原理**	自らが選択した倫理的原理に従うことが正しい．公正という普遍的原理に従って行為するのが正しい．	合理的人間として普遍的な道徳原理の妥当性を認めているために，正しいことを行う．

〔参考：Kohlberg L. Essays on Moral Development vol. II The Psychology of Moral Development.　Harper & Row. 1984. p.174-6.
（道徳判断の発達段階の邦訳部分は，コールバーグ L，ヒューアー Aら，訳：片瀬一男，高橋征仁
『道徳性の発達段階―コールバーグ理論をめぐる論争の回答』新曜社. 1992. p.275-8.）〕

「ハインツのジレンマ」

　ヨーロッパのある国で，女の人が特殊な癌にかかって死にそうになっていました．医者によれば，この人を救うことができる薬が一つあります．その薬は同じ町に住んでいる薬屋が最近，開発したラジウムの一種です．この薬を作るのにはお金がかかりますが，薬屋はその費用の10倍の値段をつけています．

　つまり，彼はラジウムに400ドルのお金をかけて薬を作り，それを4,000ドルで売っているのです．その癌にかかった女性の夫であるハインツは，知り合い全員にお金を借りに行ったり，あらゆる合法的手段を尽くしました．けれども，薬の値段の半分にあたる2,000ドルしか用意できませんでした．そこでハインツは，妻が死にそうだからもっと安く薬を売るか，支払いを後回しにしてくれないかと薬屋に頼みました．しかし，薬屋は「だめです．私はこの薬を開発し，この薬でもうけようとしているのです」と言って断りました．ハインツは合法的手段を尽くしてしまったので，とても困って薬屋の店に忍び込んで薬を盗み出そうと考えました．

　ハインツは薬を盗むべきですか．また，それはなぜですか．

Colby A. The measurement of Moral Judgement, vol.2. Cambridge University Press. 1987. (モラルジレンマ課題の邦訳部分は，コールバーグ L, ヒューアー Aら，訳:片瀬一男，高橋征仁道『徳性の発達段階—コールバーグ理論をめぐる論争の回答』新曜社. 1992. p.279-80)

- この道徳判断の発達段階は，大きく分けて3つの水準があり，まず罰を回避するために権力に従い，自分の利害や欲求から判断する「前慣習的レベル」，続いて善良な人間として他者から認められたいことから，周囲の期待した行動を行い，社会的な義務を果たし，社会や集団に貢献しようとする「慣習的段階」，そして道徳的判断や価値基準が自律化して，自らの経験よりも社会契約としての法，普遍的な原理に基づいて善悪の判断を行う「脱慣習的・原理的レベル」に分けられる．

- コールバーグの道徳性の発達段階の理論を機に，その後，道徳性の認知発達研究や道徳研究として盛んに行われるようになったが，コールバーグの理論は，道徳的感情や動機づけが軽視されたり，すべての子どもが理論どおりの反応を示すわけではないこと，西洋文化のバイアスを伴っているなどの批判が起きた．

- ピアジェとコールバークに共通するのは，**道徳的な認知発達段階を想定して**おり，普遍的，規則的な発達をたどること，他者の視点取得を前提としてお

り，現在の子ども自身の道徳的な考えに新しい道徳的考えを発展的に統合していく点である．

② ルールの理解

- 社会に存在するルールを幼児が理解するには，社会生活を行ううえで非常に重要なポイントである．ほかの幼児との関わりにおいては，遊びのルールや役割の交代を行うことで，誰もが楽しく遊ぶことができる．社会性の発達においてルールを理解し，守ることはとても重要である．
- 社会生活場面においては，あいさつや礼儀といった主に人と関わる際に必要なルールのほかに，植物や物へのいたわり，善悪の行為など道徳的なルール，社会生活上の決まりや食事のマナーといった慣習的なルール，動物の虐待など倫理的にしてはいけないルール，交通ルールやその他，自らの危険や自己管理に関するルールなど，幼児期に必要なルールは幅広く，今後の社会生活を営むうえで重要なものばかりである．
- 特に慣習的なルールや倫理的なルールのなかには，親や教師，保育者，周囲の大人から教えられるものもあれば，自然と身につけているものもある．好ましい行為，してはいけない行為など，特に善悪の判断については乳児の段階ですでに備わっている可能性が報告されている．

▶ 善悪の判断と道徳的判断の発達

- ピアジェやコールバーグは，乳児は認知発達が途上であり道徳的判断が未熟であると考えたが，近年では乳児研究が進み，言語が未成熟な乳児でも一定の善悪の判断ができるのではないかと考えられている．
- ハムリン（Hamlin, J.K.）らは，生後6か月と10か月の乳児を対象に，目をつけて擬人化された丸，三角形，四角形の図形が坂を登る動画を提示して，坂を登ろうとする丸に対して三角形が援助している動画と四角形が妨害している動画を見せた後に，三角形と四角形のぬいぐるみを掲示したところ，どの月齢の乳児も援助行動を行った三角のぬいぐるみを好んで選んだ（図1）．この結果は，乳児においてもすでに善悪に基づく道徳的判断が備わっていることを示唆している（Hamlin, et al., 2007）．
- さらに鹿子木（Kanakogi, et al., 2017）は，ハムリンらの研究と同時期の乳児に，青と黄色の丸形のキャラクターと，緑とオレンジの四角形に目をつけ，

Hamlin JK, Wynn K, et al. Social evaluation by preverbal infants. Nature. 2007：450. 557-9.

Kanakogi Y, Inoue Y, et al. Preverbal infants affirm third-party interventions that protect victims from aggressors. Nature Human Behaviour. 2017：1 (2). 0037.

図1 | 援助者と妨害者の動画

ほかの図形に衝突していじめているようにみえる図形(攻撃者)と，衝突され
ていじめられているようにみえる図形(犠牲者)，それを止める図形(正義の
味方)のアニメーションを提示した．この研究でも乳児はいじめを止める図
形を好んだ．すなわち，**生後の早い時期から攻撃者，犠牲者，正義の味方の**
関係性を理解し，正義の味方の行為を肯定する傾向があり，人に生来的に備
わっている性質である可能性を示す結果といえる．

Pellizzoni S, Siegal M, et al.
The contact principle and
utilitarian moral judgments in
young children. Developmental
Science. 2010 : 13(2). 265-70.

Helwig CC, Zelazo PD, et al.
Children's judgements of
psychological harm in normal
and noncanonical situations.
Child Development. 2001 : 72
(1). 66-81.

- 人間の道徳的判断は大人でも必ずしも理性的な判断をするわけではなく，直
観的な判断を行っていることが知られている．この直観的判断は，すでに3
歳の幼児からみられる(Pellizzoni, et al., 2010)．その一方で心を害するよう
な状況下では，3歳の幼児は他者の視点を考慮した道徳的判断も行うことが
できる(Helwig, et al., 2001)．すなわち3歳児以降の幼児では複雑な状況下
でなければ，すでに大人のような道徳的判断を行うことが可能となる．

▶ 他者のパーソナリティ特性の理解

- 幼児は生後6か月頃までに，善悪を大まかに区別できるようになり，3歳頃
までに行動とパーソナリティ特性を対応づけられるようになり，5歳頃まで
にパーソナリティ特性が時間や場面を超えて一貫したものであるという「安
定性」の側面を理解するようになる(清水, 2012)．すなわち，幼児の段階で
は，たとえば意地悪な行動をした子どもは「意地悪な子」と対応づけることが
可能ではあるが，場面や時間が経つと「意地悪な子」と必ずしも認識しないこ
ともある．これは年少の幼児にみられる肯定バイアスである可能性と，社会
的規範が不十分である可能性が指摘されている(清水, 2012)．

清水由紀. 6章 子どもの認知
する「その人らしさ」. 編著：
清水由紀，林創『他者とかか
わる心の発達心理学』金子書
房. 2012. p.93-108.

- 5歳頃になると「意地悪な子」はその後も意地悪な子どもである，というパー

ソナリティ特性が一貫して認識されるようになるが，特に悪いパーソナリティ特性は改善されると思う幼児も存在する．幼児期のこうした考えは，人間関係の適応性を高めるのに寄与する働きもある．

▶ ルールを守る，ルールを破る

- 幼児では，社会的慣習規範と道徳的規範の概念的区別が存在する．湯浅（2018）は，米国と日本での研究を通して，両者の区別の特徴を述べている．彼女によれば，米国では「道徳的規範」の逸脱は「社会的慣習規範」の逸脱よりも悪く，規則の有無に関わらない判断を6歳頃から区別してできる一方で，日本では，米国の幼児のように明確な判断基準をもっておらず，小学校3年生頃より区別できるとしている．

- 幼児は，社会に存在する多くのルールを細部まで理解して守っているわけではなく，本人の道徳的規範に沿ってある程度判断している．幼児の遊びの多くは，明示的なルールがあるが，実際は明示されていない慣習的なルールや倫理的なルール，危険や自己管理に関するルールなども考えて遊びを行っている．

- 保育者は，これらのルール違反に対して，一貫性をもった関わりをする必要がある．幼児の話を聞いたうえで，ダメなものはダメと，毅然とした態度で注意を促すことが求められる．子どもにルールを伝える際は，保育者と保護者が一貫した関わりをするためにも，どこまでが許容できて，どこからは許してはいけない，という線引きを確認するとよいだろう．子ども同士の衝突は，ルールについての理解や共感的態度を促す良いきっかけにもなる一方で，他者への攻撃的な言動や危険行為は，許容したりせず，一貫した関わりを行うことが重要である．場所や状況によって対応がぶれてしまうと，大きなトラブルや事故を招く可能性が十分にある．

湯淺阿貴子『幼児期における道徳的規範意識の形成に関する研究』風間書房．2018.

> たとえば，他者を欺く（だます）行為や他人に迷惑をかける行動，マナー違反，危険な行動などは，遊び自体にルールとして示されてはいないが，それぞれの幼児が自身の判断でその行為を「してはいけない行為」として判断している．

③ 集団行動と保育方法

▶ スポーツマンシップ

- 人と関わる際に重要になってくるのがスポーツマンシップである．これはスポーツだけではなく，ゲームや遊びの際に重要となる，人と関わる際の思いやりや姿勢である．ローガソン（Laugeson）は，スポーツマンシップの重要な行動原則として以下の3つを挙げている（Laugeson, 2013）．

Laugeson EA. The Science of Making Friends : Helping Socially Challenged Teens and Young Adults. John Wiley & Sons. 2013(エリザベス・A・ローガソン．監訳：辻井正次，山田智子．友だち作りの科学──社会性に課題のある思春期・青年期のためのSSTガイドブック．金剛出版．2017.)

- 「**仲間意識**」とは，活動を共にする人との間での受容的な振る舞いであり，みんなが楽しんで活動できるような意識や態度を指す．具体的には，他者を褒める，強い競争意識をもたない，誰かが傷ついていたら気遣いをしたり手助けをする，退屈なときは活動を変えることを提案する，勝者をたたえる，などである．

- 「**公平な行動**」とは，ルールに従う，出しゃばらない，対等な立場で振る舞う（上位の立場で振舞わない），物や役割を独占せずに共有したり交代すること，などである．

- 「**自己コントロール**」とは，強い競争意識をもたない，負けても取り乱したり怒ったりしない，勝ち誇ったり負けた人を不快にさせる行動をしない，などである．

- 幼児期において，こうしたスポーツマンシップを十分に獲得することは難しい．特に自己コントロールは未熟な幼児が多く，他者の視点をもてない幼児も少なくない．幼児によっては，一番でないと気が済まなかったり，負けると泣いたり，逆に勝つと過剰に喜んで，負けた幼児を不快にさせることがある．だが遊びや保育の活動のなかで，すべてではないにしろスポーツマンシップ

> こうしたスポーツマンシップについて，保育のなかで指導していることを保護者にも話をして，家庭でもゲームをしたり遊んでいる場合に気をつけるようにしてもらうことが重要である．

(話し合ってみよう)

子ども同士ルールを守って遊ぶには？

　子ども同士で遊ぶ際に，ルールを理解し守ることが難しいと感じる場面も保育のなかではあるでしょう．とりわけ「自分が一番でなければ嫌だ」「負けるのが嫌だ」という子どもには，保育者も手を焼くことが多いと思います．日常の保育場面で，こうした子どもに保育者として関わる際に，どのような点に配慮して関わるとよいでしょうか．

　議論をしやすいように，鬼ごっこを幼児同士でしている場面を考えてみましょう．自分が鬼の番になったときに，どうしても鬼になりたくなくて泣いている子どもがいたら，あなたはどのような声かけをし，どのような点に配慮して泣いている子どもと，鬼ごっこをしていたほかの幼児に関わるか考えてみましょう．

Discussion Point

▶役割の交代（鬼になる）ができない幼児（「鬼になりたくない」と泣く，拒否する）とどのように関わるか？

▶「マイルール」を押しつけたり，適用しようとしてくる幼児とどのように関わるか？

▶ルールが理解できていない幼児とどのように関わるか？

[Note]

幼児の反応バイアス

　成人では，多くの反応バイアス（認知バイアス）の存在が知られているが，幼児に特徴的にみられる反応バイアスもいくつか知られている．ここでは，幼児期に特徴的にみられる「肯定バイアス」と「内集団バイアス」について紹介する．

　肯定バイアスとは，2，3歳児にみられる，大人の質問に対して「うん（はい）」と答えてしまう傾向を指す．フレッツレイ（Fritzley）とリー（Lee）は，2歳から5歳までの幼児を対象に，物の知識に関する質問（半分は普段幼児にとってなじみのあるもので，もう半分は幼児にとってなじみのないもの）を「yes」か「no」で答えさせた．1つの物についての質問は4問あり，2問が「yes」が正しい回答（「これは赤いコップ？」など）で，もう2問は「no」が正しい回答（「コップに水が入っている？」）であった．反応バイアスは「はい」質問への正答割合から「いいえ」質問への正答割合を引いて，0よりも得点が高い場合に肯定バイアスがあるとした．その結果，2，3歳児は肯定バイアスが認められた一方，4，5歳児はバイアスがほとんど認められなかった（Fritzley, Lee, 2003）．このバイアスは英語圏特有の現象ではなく，日本をはじめ非英語圏でも同様の傾向が認められている（Okanda, Itakura, 2008）．3歳児は，質問に答える知識をもっていても質問に対して不適切に「はい」と答えてしまう傾向があるほか（Okanda, Itakura, 2010），回答までの時間が6歳児と比べて短いようである（Okanda, Itakura, 2011）．こうした肯定バイアスは，言語能力や実行機能（抑制機能）と関係があるが，心の理論の獲得の有無とは関係が認められていない．その理由として，保護者が日常「うん」と答えさせる声かけを多くしていることと関係があるのかもしれない（Moriguchi, et al., 2008）．

　内集団バイアスとは，自分が所属する集団（内集団）やそこに所属する人に対して肯定的・好意的な態度を示す傾向を指す．これは肯定バイアスとは異なり，幼児期の早期から大人にわたって幅広い年代で認められるバイアスである．このバイアスは，幼児が集団内において協力的な行動をより強く取るように導いている．マコーリフ（McAuliffe）とダナム（Dunham）は，幼い頃から自分を社会的集団と同一視し，所属するために必要な基本的な認知能力が備わっていることを示しているとし，このバイアスは単なる感情的選好（mere preferences）の副産物である可能性があるとしている（McAuliffe, Dunham, 2016）．つまり社会的な学習で備わったバイアスではなく，生得的なバイアスであり，幼児期の小集団での関わりは，こうした社会的バイアスが急速に内面化され定着するための強力な学習バイアスであると考えられている（Dunham, et al., 2011）．

を示す幼児が必ずいる．その際に保育者は，すかさずそのような行動を認めることで望ましい行動の強化を行い，モデルとしてほかの幼児に勧めるとよいだろう．

▶ 遊びのなかでルールを学ぶ

- 幼児，とりわけ年長児の遊びの場は，スポーツマンシップといった，誰もが楽しく遊ぶための基本的なルールを学ぶ絶好の機会である．遊び自体のルールやスポーツマンシップが身についていない幼児の場合は，まずは遊びのルールが単純で動きなどの繰り返しがあるものを勧める．楽しく仲間と遊ぶことを優先し，厳密に遊びのルールを適用しないで，少し遊びのルールを緩めるように提案するのもよいだろう．最初のうちは，保育者（場合によっては参加する幼児よりも保育者が多くてもよい）が遊びのなかに入ってよいモデルを示したり，**プロンプト**（手がかりや促し）をすると参加できない子どももスムーズに参加できる．加えて，他の幼児が望ましい行動をみせたときには，すかさず褒めてよい手本であることを他の幼児に示すようにする．

- 一方，急なルールの変更があったりいらだちを見せる幼児も出てくるが，子どもたち同士の関わりのなかで，わがままは通用しないという経験を積んだり，子どもたちが話し合いを自発的にすることで，楽しく遊ぶためにルールを新しく作ったりする自律的な行動を見守ることも大事である．

- 遊びやゲームは，勝つことが重要なわけではなく，みんなが楽しむものであり，それはルールやスポーツマンシップを身につけることで達成される．これらが経験できる機会を保育で設けるようにすることが求められる．

- 集団行動のなかには，さまざまな規則，ルールが存在する．遊びや生活場面で幼児同士のトラブル場面において，保育者が適切な援助を行うことで幼児の道徳性・規範意識の芽生えを育んでいくことが望まれる．

- 幼児がもつ反応バイアスは，他児とのコミュニケーションにおいて誤解を生じさせたり，保育の際に保育者が誤った援助や感情理解を幼児にしてしまう可能性がある．保育者がこれらのバイアスの存在を知っておくことは，保育にとって重要な意味をもつ．

◉ 文献

- Colby A. The measurement of Moral Judgement, vol.2. Cambridge University Press. 1987.
- Hamlin JK, Wynn K, et al. Social evaluation by preverbal infants. Nature. 2007：450. 557-9.
- Helwig CC, Zelazo PD, et al. Children's judgements of psychological harm in normal and noncanonical situations. Child Development. 2001：72(1). 66-81.
- Kanakogi Y, Inoue Y, et al. Preverbal infants affirm third-party interventions that protect victims from aggressors. Nature Human Behaviour. 2017：1(2). 0037.
- Kohlberg L. Stage and Sequence：The Cognitive-developmental Approach to Socialization. Rand McNally. 1969.
- コールバーグ L，監訳：永野重史『道徳性の形成─認知発達的アプローチ』新曜社. 1987.
- Kohlberg L. Essays on Moral Development vol. II The Psychology of Moral Development. Harper & Row. 1984. p.174-6.
- コールバーグ L，ヒューアー A ら，訳：片瀬一男，高橋征仁『道徳性の発達段階─コールバーグ理論をめぐる論争の回答』新曜社. 1992. p.275-80.
- Laugeson EA. The Science of Making Friends：Helping Socially Challenged Teens and Young Adults. John Wiley & Sons. 2013(エリザベス・A・ローガソン. 監訳：辻井正次，山田智子. 友だち作りの科学─社会性に課題のある思春期・青年期のための SST ガイドブック. 金剛出版. 2017.)
- 文部科学省：幼稚園教育要領. 平成 21 年改訂. p.55-6.
- Nelson SA. Factors influencing young children's use of motives and outcomes as moral criteria. Child Development. 1980：51(3). 823-9.
- Piaget J. The moral judgment of the child. Kegan Paul. 1932.
- Pellizzoni S, Siegal M, et al. The contact principle and utilitarian moral judgments in young children. Developmental Science. 2010：13(2). 265-70.
- 清水由紀. 6 章 子どもの認知する「その人らしさ」. 編著：清水由紀，林創『他者とかかわる心の発達心理学』金子書房. 2012. p.93-108.
- 湯淺阿貴子『幼児期における道徳的規範意識の形成に関する研究』風間書房. 2018.
- Zelazo PD, Helwig CC, et al. Intention, act, and outcome in behavioral prediction and moral judgment. Child Development. 1996：67(5). 2478-92.

◉ 学びを深めるための参考図書

- Hayashi H, Nishikawa M. Egocentric bias in emotional understanding of children and adults. Journal of Experimental Child Psychology. 2019：185. 224-5.
- 越中康治. 仮想場面における挑発，報復，制裁としての攻撃に対する幼児の道徳的判断. 教育心理学研究. 2005：53(4). 479-90. doi:10.5926/jjep1953.53.4_479
- 越中康治. 攻撃行動に対する幼児の善悪判断に及ぼす社会的文脈の影響─社会的領域理論の観点から. 教育心理学研究. 2007：55(2). 219-30. doi：10.5926/jjep1953.55.2_219

◉ Note の文献

- Dunham Y, Baron AS, et al. Consequences of "minimal" group affiliations in children. Child Development. 2011：82(3). 793-811.
- Fritzley VH, Lee K. Do young children always say yes to yes-no question? A metadevelopmental study of the affirmation bias. Child Development. 2003：74(5). 1297-313.
- McAuliffe K, Dunham Y. Group bias in cooperative norm enforcement. Philosophical Transactions of the Royal Society B：Biological Sciences. 2016：371(1686). 20150073.
- Moriguchi Y, Okanda M, et al. Young children's yes bias：How does it relate to verbal ability, inhibitory control, and theory of mind? First Language, 28(4). 431-42.
- Okanda M, Itakura S. Children in Asian cultures say yes to yes-no question：Common and cultural differences between Vietnamese and Japanese children. International Journal of Behavioral Development. 2008：32(8). 131-6.
- Okanda M, Itakura S. When do children exhibit a yes bias? Child Development. 2010：81(2). 568-80.
- Okanda M, Itakura S. Do young and old preschoolers exhibit response bias due to different mechanisms? Investigating children's response time. Journal of Experimental Child Psychology. 2011：110(3). 453-60.

7

社会生活との関わり―社会適応能力の発達

学習のポイント

1. 社会性の発達の促進要因を理解することができる.
2. 保育者として, 子どもの社会性を促す関わりを理解することができる.
3. 社会適応能力を育む保育方法を考えることができる.

1 社会適応能力の発達

▶ 適応能力

Sparrow SS, Cicchetti DV, et al. Vineland adaptive behavior scales, 2nd edition. Survey forms manual. MN : Pearson. 2005.

- 適応能力とは, 個人的また社会的充足に必要な日常活動の能力であり, 適応行動は能力ではなく行動の遂行によって定められる(Sparrow, et al., 2005). すなわち, 日常生活や社会生活を送るだけの能力があっても, 実際に行動できない(活動に参加しない)場合, 適応行動が取れているとはいえない.

- 適応行動は, 大きく分けて, **概念的スキル**(学習のスキルのほか, 聞く, 話すなどのコミュニケーション能力), **実用的スキル**(日常生活で必要な身辺自立や基本的生活習慣, 地域社会にある社会的資源の利用など), **社会的スキル**(遊びや余暇, 対人関係の能力など), **運動スキル**がある. 日常の保育においては, 幼児は, 保護者や保育者, さらには年齢の近い幼児との関わりのなかで, 概念的スキルや実用的スキル, 社会的スキルを学んでいく.

▶ 社会性の発達と関係性

- 「幼児期の終わりまでに育ってほしい(10の)姿」の「社会生活との関わり」では「家族を大切にしようとする気持ちをもつとともに, 地域の身近な人と触れ合う中で, 人との様々な関わり方に気付き, 相手の気持ちを考えて関わり, 自分が役に立つ喜びを感じ, 地域に親しみをもつようになる」と書かれている(文部科学省, 2017).

文部科学省. 幼稚園教育要領, 2017.

- 社会性は, 人と人とのつながりやコミュニケーションそのものである. 幼稚

園教育要領にも示されているとおり，保護者や周囲の人々に温かく見守られている安心感や，保育者との信頼関係こそが基盤となる．つまり，**心地よい関係性から社会性が生まれ，育まれていく**．

- ボウルビィ（Bowlby, J.）は，乳幼児と母親などの養育者との人間関係が，親密的で継続的な人間関係をもち，子どもと養育者双方が満足と幸福感で満たされる状態こそが**精神的健康の基本**となるとした（中野，2017）．社会性や社会生活で重要な適応的な行動は，こうした良好で心地よい人と人の関係性のなかで磨き上げられ，発達をしていく．

- 能力があるが人と関わりがもてない幼児もいることに留意し，能力を引き出せるような遊びの設定や保育環境の構成を行う必要がある．

中野明徳．ジョン・ボウルビィの愛着理論：その生成過程と現代的意義．別府大学大学院紀要．2017：19. 49-67.

実際の保育の場面では，日常生活や社会生活で関わりを上手にもてない幼児と接することもあるだろう．その際に保育者としては，能力があるけれど関わりがもてない（関わろうとしない）のか，能力がなくて関わりがもてないのかを見極める必要がある．

Parten M. Social participation among preschool children. Journal of Abnormal and Social Psychology. 1932：27(3). 243-69.

▶ 遊びと仲間関係

- パーテン（Perten, M.）は，子どもの発達年齢に応じた遊びの質を分類した．2歳から3歳くらいまでにみられる**平行遊び**，仲間意識が強くなる4歳頃にみられる**連合遊び**，5歳過ぎになると，仲のよいほかの幼児とともに役割分担や役割の交代が行われる**協同遊び**である．

- 一人遊びや平行遊びは，年中児や年長児になるとみられないというわけではなく，どの年齢でも認められる．だが，**役割をもった高度な遊びは，言語によるコミュニケーションの割合が高くなることから，言語発達は社会的な遊びの質に直接的に影響を与える**．

- 年中児や年長児にみられる役割をもった遊びや言語を用いた複雑な遊びは，言語発達に遅れのある幼児や自閉症スペクトラム障害のある幼児においては，遅れて出現するか，幼児期にはほとんどみられない場合がある．

平行遊び，連合遊び，協同遊び
➡ 第4章13 p.163を参照

連合遊び

平行遊び

協同遊び

- 保育場面では，特に自由遊びの場面で幼児同士の遊びがみられるが，遊びは固定的なものではない．年長児でも一人遊びをしていたと思ったら，ままごと遊びに入っていったり，一緒に遊んでいた幼児が突然抜けて，一人遊びを始めることもある．また，ある幼児が誘いかけて，それに応じた幼児が遊びを一緒に始めるなど，突如として遊びが始まることもある．

- 幼児が仲間と相互作用を開始するときの働きかけは，直接的，明示的に仲間と一緒に遊ぶことを求めるものばかりではなく，自分の活動を示したり，呼びかけや身体接触など，自分に注意を惹きつけることによって生じることもある（松井，2012）．

松井愛奈．第7章 子どもの遊びと仲間との相互作用のきっかけ．編著：清水由紀・林創『他者とかかわる心の発達心理学—子どもの社会性はどのように育つか』金子書房．2012．p.113-27．

- 保育者は，子どもの発達段階や特性を見極め，個々に応じた仲間との相互作用を促す働きかけや環境調整を行うことで，仲間同士がよりスムーズに関わることができる．

- なお，一人遊びや平行遊びが問題というわけではなく，積極的にそれらの遊びを選択して行っている幼児に対しては，見守ったり，思い通りの遊びができるように援助し，無理に遊び仲間に引き込むことはしないようにすべきである．一方で，遊びに入りたいのに入れない，入り方がわからないなどの幼児に対しては，積極的に働きかけたり，保育者が幼児を誘って一緒に遊びのなかに入って相互作用の開始を手助けすることも場合によっては必要である．

▶ 幼児の気質と仲間，社会的関係

Blair C, Raver CC. School readiness and self-regulation: A developmental psychobiological approach. Annual Review of Psychology. 2015：66. 711-31.

- ブレア（Blair, C.）とレイバー（Raver, C.C.）は，これまでの研究を概観したうえで，幼児の気質と仲間関係について以下のように述べ，小学校入学に焦点を当てた準備プログラムや早期教育といった特定のプログラムに依拠するのではなく，自己制御能力に焦点化した関わりの重要性を説いている．

- 多くの幼児は，就学前に親しい友人関係を築くが，静かで内気な子ども同士，活発で身体的な手が出やすいような子ども同士といったような，同じ行動をとる子どもを友人に選ぶ傾向がある
- 積極性のある幼児は，仲間と交流することで，より多くのことを学んだり，学ぶことを好んだりする
- 社会性の高い幼児は，引っ込み思案な幼児に比べて，後の学校生活での注意力や粘り強さがあり，学習に対して前向きである
- 幼児が仲間と友人関係を築いて社会的な関係を維持する能力は，長期的な学業成績との関係性が低いものの，仲間そのものが学習に影響を

> 　与える可能性があり，クラスの仲間と仲良くする能力（対人関係の質）
> は，後の学業成績によい関係をもたらす

- 幼児期の仲間関係は，子ども自身がもつ気質的な要素によって関係性は変わるものの，同年齢の子ども同士の関わりは，発達に対してポジティブな影響をもたらす．仲間関係の維持には，自己制御能力など社会情動的スキルも重要になることから，通常の保育のなかで仲間同士との遊びを通して，および保育者との信頼関係を通して社会性が培われていく．
- 「10の姿」の「社会生活との関わり」に示されているように，幼稚園教育要領では，幼児は「幼稚園内外の様々な環境に関わる中で，遊びや生活に必要な情報を取り入れ，情報に基づき判断したり，情報を伝え合ったり，活用したりするなど，情報を役立てながら活動するようになる」ことから，環境との関わりを意識して幼児に届く情報を適切に整えるのも保育者や支援者の役割の一つである．
- 具体的には，正しい言葉，社会的ルールや規範などの正確な知識，危険な行動や事物に対する情報は，必要に応じて幼児にもわかりやすく伝える必要がある．その際，一貫した態度をもって幼児と接し，考えや情報がぶれないようにすることも必要である．

> たとえば「〇〇するとけががするので，してはいけません」などと，幼児が行った行動を示したうえで理由を説明して注意を促す．なるべく簡潔に，行動の直後に声かけをする．

② 社会的な関わりの発達

▶ 向社会性

- 向社会性とは，「事物や他者に自ら働きかけて，他者の利益になることを行う」行動や態度をいう．いわゆる「思いやり行動」であるが，こうした行動は社会スキルトレーニングなど訓練を通した方法ではなかなか身につかない．

Cauley K, Tyler B. The relationship of self-concept to prosocial behavior in child. Early Childhood Research Quarterly. 1989：4(1)．51-60.

伊藤順子．幼児の向社会性についての認知と向社会的行動との関連：遊び場面の観察を通して．発達心理学研究．2006：17(3)．241-51.

- 肯定的な自己概念をもつ4歳と5歳の子どもでは，援助行動よりも協力的な行動をとることを好む向社会的行動をとることが報告されており（Cauley, Tyler, 1989），**向社会的行動は肯定的自己像と密接に関係する**.

- 向社会的行動後に，「あなたはやさしい人です」，「あなたは人のためになることが好きです」，「あなたは人に対して親切です」などと，大人から行動の原因を内的要因へ帰属された子どもは，状況などの外的要因へ帰属された子どもよりも，その後の向社会的行動傾向が高く，自分がした向社会的行動を自分の特性に帰属させる傾向が高まる．こうした先行研究から伊藤（2006）は，向社会的行動の原因を人格特性といった内的な安定した個人内要因に帰属することで，他者のために行動できると自己の向社会的特性を認知するようになり，その後の向社会的行動が促進される可能性を指摘している.

- さらに伊藤（2006）は，幼児の向社会性への自己評価が高い子どもほど，友だちと同じ一つの遊びをし，そのなかで遊びに関する会話を行う傾向があり，仲間との集団遊びのなかでは困窮場面に遭遇しそれを改善する回数が多いことを報告した．幼児が自身の向社会性の認知を行うことで，遊びの場面においても向社会的行動として表れるようである.

- こうした一連の研究から，**幼児自身の肯定的自己像は，保護者や保育者などの大人によって高められ，実際に他者のために行動することで幼児自身の向社会的な自己像を自覚することができ，向社会的行動をさらに促進していく**のである.

▶ 利他的行動の要因

- 人のために何かをする向社会的行動は，直接自分には恩恵が得られないことが多い．たとえば，ある幼児が他児に対して親切にしたら，幼児が自分に対して親切にしてくれることもあるが，すぐには親切な行動として返ってこないこともあり，そもそもそういった機会すらない場合もある．にもかかわらず，なぜ幼児は向社会的行動をとるのだろうか.

- 一つは直接恩恵がなくても，保育者やほかの幼児から「親切な子ども／友達」として認められたり褒められたりするとともに，その幼児自身が高い評価を受けることで，何らかの利益がもたらされるためである．また，ごく小さいコミュニティの場合，AからBへ，BからCへと援助行動が広がれば，結果的に自分に恩恵が得られる可能性が高くなる．日本では「情けは人のためならず」，「恩送り」という言葉もあり，英語にも "Pay it forward" といったことわざに代表されるように，実際にはより大きなコミュニティでもこうした利他的行動は，結果的に自身に有利に働くことが知られている.

- ヴァルネケンとトマセロ（Warneken, Tomasello, 2006）は，18か月の幼児に対して大人が目的を達成できず困っている場面を示したときの援助行動について検討した．その結果，多くの幼児は大人が自分を見たり，問題を口にしたりする前に，援助行動を行った．これらのことから，幼い頃からすでに，他者の行動の意図をある程度理解し，助けたいという利他的な動機があることを示している．

Warneken F, Tomasello M. Altruistic helping in human infants and young chimpanzees. Science. 2006：311(5765), 1301-3.

- 保育場面では，幼児が本来もっている向社会的行動への動機や誘因を上手に引き出す場面設定や，幼児が向社会的行動を行った場合には積極的に行動を強化し，維持する関わりが重要になる．

▶ 向社会的行動と大人との信頼関係

- マイケルソンとムナカタ（Michaelson, Munakata, 2016）は，後にもたらされる報酬が約束どおり提供されるかは，提供してくれる人が信頼できるかどうかに関係していると考え，**マシュマロテスト**を用いて，社会的な信頼がマシュマロテストの成績と関係があるかどうかを3歳6か月から5歳10か月の子どもたちを対象として調べた．その結果，信頼できる大人からマシュマロテストを受けた子どもと比べて，信頼できない大人からマシュマロテストを受けた子どもは，待てずにマシュマロに早く手をつけてしまった．

Michaelson LE, Munakata Y. Trust matters：Seeing how an adult treats another person influences preschoolers' willingness to delay gratification. Developmental Science. 2016：19(6), 1011-9.

マシュマロテスト
➡第2章4　p.51を参照

- 森口（2021）は，一連の発達心理学の研究成果を踏まえたうえで，子どもが実行機能や向社会的行動を発達させる前から，他者への信頼は発達し始め，他者を信頼できるから，今より未来を優先して我慢できるし，他者を信頼できるからこそ，後にもたらされるお返しを想定して向社会的行動ができるかもしれないと述べている．

森口佑介『子どもの発達格差―将来を左右する要因は何か』（PHP新書）PHP研究所, 2021.

- このことから，先に述べた幼児期における豊かで心地よい人間関係は，人を社会的な行動に向かわせる基盤であり，保育においては何よりも優先して形成されるべきものである．

▶ 異年齢保育と子ども同士の信頼関係

- 幼稚園や保育園のなかには異年齢保育（縦割り保育）を実施しているところも多い．子どもたちが年齢混合のペアやグループで遊ぶ際に，より年上の幼児は自然に，また無意識のうちに年下の幼児の遊びのレベルを上げるための「**足場かけ（scaffolding）**」を提供することがある．ときには，より高い年齢でみられるような高次な遊びの形態が，低年齢の幼児でもみられることがある．

足場かけ（scaffolding）
➡第1章2　p.24を参照

Howes C, Farver J. Social pretend play in 2-year-olds : Effects of age of partner. Early Childhood Research Quarterly. 1987 : 2(4), 305-14.

- ハウズとファーバー（Howes, Farver, 1987）は，2歳児と5歳児がペアになって遊ぶ様子を観察し，5歳児は2歳児とペアを組んでも，5歳児同士で遊ぶような遊びをするだけではなく，言葉や言葉以外のさまざまな「足場」を使って2歳児を自分たちの遊びのレベルに引き込む行動がみられたことを報告している．たとえば，適切な小道具を用意し，何をすべきかを指示するなどして，5歳児は2歳児が社会的，協力的なふり遊びをして遊んだのである．

ZPD :
zone of proximal development

下井俊典．scaffolding の概念および背景理論の紹介と再分類の試み．国際医療福祉大学学会誌．2019 : 24(2), 50-60.

- 足場かけ（scaffolding）は，ヴィゴツキーの**発達の最近接領域（ZPD）**における教授者の具体的実践として位置づけられているが（下井，2019），異年齢保育においては，年上の幼児がまさに教授者となり，年下の幼児の課題解決を助ける役割となっている．その際，教授者としての幼児と年下の幼児との間には，基本的な信頼関係が基盤として存在している必要がある．
- こうした**信頼関係は，幼児同士が構築するというよりも，むしろ保育者が異年齢保育を行うにあたって，幼児同士が信頼できる関係性が生まれる雰囲気を作っていくことが重要である**．

③ 生活適応能力を育む保育方法

社会的行動を促す日常の保育活動

- 幼児でも覚えやすい童謡や歌遊びで，踊ったり，歌ったり，太鼓やタンバリンなどの打楽器を演奏することは，保育場面ではごく一般的な活動である．保育者のなかには，こうした遊びを通して子どもの社会的な関わりが豊かになった経験をもつ人も多いだろう．

Kirschner S, Tomasello M. Joint music making promotes prosocial behavior in 4-year-old children. Evolution and Human Behavior. 2010 : 31(5), 354-64.

- キルシュナーとトマセロ（Kirschner, Tomasello, 2010）は，音楽を使った活動に積極的に関わる幼児と関わらない幼児で，こうした保育者の経験的な体験を検証する実験を行った．その結果，4歳児が共同で音楽を演奏すると，

同程度の社会的・言語的能力があるにもかかわらず音楽を演奏しない対照群と比較して，積極的に関わる幼児のほうがその後の自発的な協力・援助行動が増加することを報告している.

- キルシュナーらは，共同で歌ったり踊ったりして音楽を作ることで，幼児が声を出して一緒に動くという集団的な意図や共有目標を常に目や耳を通して表現することができ，それによって感情や経験，活動を他者と共有したいという人間の本質的な欲求を効果的に満たすことができるからだと述べている.
- 保育の場では，これらはごく当たり前の活動ではあるものの，幼児同士が目標を一つにして表現し，共に関わることによって，社会的な行動が促進されるという視点は非常に重要である.

▶ 社会生活と保育

- 保育場面では，幼児が公共の施設などに出向くなどして地域の人々と交流の機会をもつことがある. こうした関わりは，社会とのつながりを意識する重要な機会であり，適応行動の実用的スキルを育てるよいきっかけになる. これは保育の5領域「人間関係」に含まれる内容である.
- 特に年長児になると，就学を意識し，小学校での学校生活に対して不安を抱く幼児も出てくる. こうした幼児のために，小学校を訪問したり，学校内の行事に参加するなど，日頃から小学校と交流活動を行うことで学校に親しみをもつことができるようになる.
- 地域や学校における交流は，幼児が社会生活を送るうえでの自信につながるほか，他者から受けた向社会的行動が別の他者への向社会的行動へと連鎖していく. もちろん，よい体験をしたことで，他者への感謝の気持ちをもち，その気持ちを言葉として伝えるといった社会的，道徳的な振舞いを身につけていくことも見逃せない.

> 小学校では生活科のなかで，幼児を学校に招待して交流したり，5年生の児童が年長の幼児と交流することで，翌年6年生になったときに，新1年生とスムーズに関われるようにする，といった実践が行われているケースもある.

▶ 社会適応能力を伸ばす保育

- 幼児が今後社会に適応していくためには，概念的スキルや実用的スキル，社会的スキルを総合的に伸ばしていく関わりや働きかけが保育者には求められる. 幼児は，日常の生活や経験から実用的スキルを学び，人との信頼関係に基づいた関わりから社会的スキルを身につけていく.
- 保育者としては，こうしたスキルを意識して積極的に幼児が学んだり働きかけ，豊かな経験を積むことができる保育環境を構成していくことが重要であ

る．特に幼児期は，遊びを通して実用的スキルや社会的スキルを学ぶ．保育者や信頼できる大人に見守られている安心感，信頼関係を基盤とした心地よい関係性のなかから，多様な子どもとの関わりと遊びの機会が生まれるような環境を構成することを意識して保育を行うことが望まれる．

- 特に年長児は，小学校への就学を見据えて，近隣の小学校との連携や交流をすることで，小学生との関わりの機会を増やし，就学への意欲を高めるような経験を積むことができる．

話し合ってみよう

幼保小の連携・交流を進めるためには？

　幼保小の連携・交流は，幼稚園や保育所側だけではなく，小学校においてもメリットがたくさんあります．小学校との連携が非常にうまくいっているケースでは，小学校の設備（グラウンドや体育館，プールなど）を幼児に積極的に貸し出したり，児童と幼児との交流の機会が数多くあり，引き継ぎがきわめてスムーズにできています．小学校では，スタートカリキュラムが導入されるなど，生活科を通して交流を積極的に進めようとしています．

　こうした連携・交流を進めるために，幼稚園，保育所側としてどのように進めるとよいでしょうか．

Discussion Point

▶ 園側から小学校にどのようにして働きかけるか？

▶ 指導要録の引き継ぎなどの機会を通して，どのように連携を進めるとよいか？

▶ 幼児と児童との交流場面について，どのような交流の方法や場面が考えられるか？

▶ 小学校との連携・交流の障壁となるものは何が考えられるか？（たとえば，必ずしも園の近隣の小学校に児童が就学するわけではないので，交流をしても小学校としてはメリットが感じられない，など）

[Note]

ギフテッドの子ども

　ギフテッドというと，どのようなイメージをもっているだろうか．知能が高い，特別な才能をもつ人，天才，などが真っ先に思い浮かぶ人もいるだろう．確かにそういったお子さんは存在するが，ギフテッドとは，才能の有無はともかく，「高い知的能力をもっている支援や配慮が必要な子ども（片桐，2021）」である．

　さて，なぜ知能が高いのに支援や配慮が必要なのか．知能が高いゆえに弱みや困り感が隠れてしまい，強みへの支援が行われないからである．保育室を覗いてみると，一人で夢中になって図鑑を読んでいる幼児を見かけることがある．声をかけると，嬉しそうに太陽系や惑星についての話をしてくる．言語能力が高く，高度な内容も含まれているため，大人でも感心して聞き入ってしまうが，同年齢の幼児に同じ内容の話をしても間違いなくついていけないだろう．自分の世界を楽しみ，没頭する姿は大人顔負けである．こうした子どもは，時として発達障害の可能性を指摘されることがある．だが，社会性が取れないわけではなく，他者の気持ちも読み取ることができたりもする．一見精神年齢が高いようにも見えるが，年齢相応の無邪気さと子どもらしさも垣間見ることができる．自分の思いどおりにいかないと，感情を激しくぶつけてくることもある．感覚の過敏さを抱えている場合もあり，気持ちが繊細で共感性が高いギフテッドの子どももいる．こうした子どもは過剰適応をしてしまい，精神的に疲れ果ててしまうこともある．

　高い知能は心理社会的な側面において適応的に働いていると考えられており（Bergold, et al., 2015；Rommelse, et al., 2016），ギフテッドの子どもは決して社会適応能力が低いわけではない．だが，上述したようなギフテッドの特性は，ときに発達障害の特性と間違われてしまう．その結果，一人でずっと図鑑を読んでいて，コミュニケーションを取ろうとしないギフテッドの子どもに対して，「絵カードを使ったコミュニケーションが有効ですよ」と誤ったアドバイスをしてしまうことがある．この幼児は，高度なコミュニケーションを取ることができ，他者の気持ちも慮ることができるにもかかわらず，である．

　保育者がやってしまいがちな例としては，無理に集団に入れようとしたり，社会的な関わりを強要したりすることである．本人にとっては，それが苦痛であることもあり，自分の世界をもつことを拒否されているように感じることもある．無理にほかの幼児と関わる機会を設けるのではなく，本人の考えや楽しみを尊重してあげてほしい．もちろん，ほかの幼児と遊びたいけどどうしてよいかわからない，ということもあるだろう．その場合は，手を引いて，まずは保育者と一緒に仲間の輪のなかに入っていくきっかけを作ることも必要である．安全で安心できる関係性と環境こそが，子どもの社会性を伸ばす必要条件であり，ギフテッドの子どもは，自分の強みと弱みを認めてくれる存在，自分の強みを伸ばして，それを尊重してくれる環境，弱みに配慮してくれる環境こそが重要である．そして何より，安心できる大人の存在と心地よい人間関係が，彼ら・彼女らの能力をより高く伸ばしてくれる．

● 文献

- Blair C, Raver CC. School readiness and self-regulation：A developmental psychobiological approach. Annual Review of Psychology. 2015：66. 711-31.
- Cauley K, Tyler B. The relationship of self-concept to prosocial behavior in child. Early Childhood Research Quarterly. 1989：4(1). 51-60.
- Howes C, Farver J. Social pretend play in 2-year-olds：Effects of age of partner. Early Childhood Research Quarterly. 1987：2(4). 305-14.
- 伊藤順子. 幼児の向社会性についての認知と向社会的行動との関連：遊び場面の観察を通して. 発達心理学研究. 2006：17(3). 241-51.
- 片桐正敏『ギフテッドの個性を知り, 伸ばす方法』小学館. 2021.
- Kirschner S, Tomasello M. Joint music making promotes prosocial behavior in 4-year-old children. Evolution and Human Behavior. 2010：31(5). 354-64.
- 松井愛奈. 第7章 子どもの遊びと仲間との相互作用のきっかけ. 編著：清水由紀, 林創『他者とかかわる心の発達心理学──子どもの社会性はどのように育つか』金子書房. 2012. p.113-27.
- Michaelson LE, Munakata Y. Trust matters：Seeing how an adult treats another person influences preschoolers' willingness to delay gratification. Developmental Science. 2016：19(6). 1011-9.
- 森口佑介『子どもの発達格差──将来を左右する要因は何か』(PHP新書) PHP研究所. 2021.
- 中野明德. ジョン・ボウルビィの愛着理論：その生成過程と現代的意義. 別府大学大学院紀要. 2017：19. 49-67.
- Parten MB. Social participation among pre-school children. Journal of Abnormal and Social Psychology. 1932：27(3). 243-69.
- 下井俊典. scaffoldingの概念および背景理論の紹介と再分類の試み. 国際医療福祉大学学会誌. 2019：24(2). 50-60.
- Sparrow SS, Cicchetti DV, et al. Vineland adaptive behavior scales, 2nd edition. Survey forms manual. MN：Pearson. 2005.
- Warneken F, Tomasello M. Altruistic helping in human infants and young chimpanzees. Science. 2006：311(5765). 1301-3.

● Noteの文献

- Bergold S, Wirthwein L, et al. Are gifted adolescents more satisfied with their lives than their non-gifted peers? Frontiers in Psychology. 2015：6. 1623.
- Rommelse N, van der Kruijs M, et al. An evidenced-based perspective on the validity of attention-deficit/hyperactivity disorder in the context of high intelligence. Neuroscience and Biobehavioral Reviews. 2016：71. 21-47.

第 3 章

子どもの心の成長

思考力の芽生え―乳幼児の学びと理論

学習のポイント

1. 乳幼児期の思考力の発達の道筋について理解することができる.
2. 遊びを中心とした幼児期にふさわしい生活を通して, 思考の発達が促されていくことを理解できる.

1 幼児教育における思考力の位置づけ

- 2017(平成29)年3月に改定された保育所保育指針, 幼稚園教育要領, 認定こども園教育・保育要領の幼児教育関連3法(以下, 「3法令」と呼ぶ)では, 幼児教育で育むことが望ましい資質・能力が「育みたい資質・能力」(通称「3つの柱」)として, それらの具体的な姿が「幼児期の終わりまでに育ってほしい姿」(通称「10の姿」)として示されている. 特に思考力の発達について, 「3つの柱」と「10の姿」のなかに次のような記述がある.

- 「3つの柱」には「気付いたことや, できるようになったことなどを使い, 考えたり, 試したり, 工夫したり, 表現したりする『思考力, 判断力, 表現力等の基礎』」が2つ目の柱として示されている. さらに「10の姿」では「思考力の芽生え」として「身近な事象に積極的に関わる中で, 物の性質や仕組みなどを感じ取ったり, 気付いたりし, 考えたり, 予想したり, 工夫したりするなど, 多様な関わりを楽しむようになる. また, 友達の様々な考えに触れる中で, 自分と異なる考えがあることに気付き, 自ら判断したり, 考え直したりするなど, 新しい考えを生み出す喜びを味わいながら, 自分の考えをよりよいものにするようになる」(文部科学省, 2017)というように, 幼児教育のみならず小学校以降の学校教育でも配慮しなければならない事項が示されている.

文部科学省『幼稚園教育要領』2017.

- これら「3つの柱」と「10の姿」において強調されているのは, 子ども自身の頭の中で概念やイメージを操作するだけではなく, 子どもが主体的かつ能動的に環境と関わっていく過程で思考力が発達していくということ, さらには考

えや視点が異なる，ほかの子どもたちとの相互作用によって思考力の発達が促されるということである．これはまさに，**幼児教育の基本である「環境を通した教育」によって成し遂げられ，「遊びを通した総合的指導」によって培われるものである**．

❷　思考力の発達

▶ 同化と調節：均衡化理論

- 乳幼児期の思考の発達に関する数多くの研究のなかでも，現在に至るまで大きな影響力をもち続けているのがピアジェ（Piaget, J.）の理論である．
- ピアジェは人間の認知発達の仕組みを次のようなシステムで説明した．人間は環境と相互作用していく過程で，新たに経験した事物や事態を，それまで自身がもっていた認知の枠組みのなかに新たに取り込んでいく．この認知枠組みはわれわれの行動や思考の基盤となるものであり，シェマ（schema）と呼ぶ．そしてシェマに取り込んでいく働きのことを同化（assimilation）という．一方，この取り込みがうまくいかず，既存のシェマを大きく見直さなければならない場合，新たな状況に適応するための作用，すなわち調節（accommodation）という働きが必要となる．そして，同化と調節を繰り返すことによって，常に安定した状態で外界を把握するために，シェマを安定化させていく働きのことを均衡化（equilibration）と呼ぶ．

  均衡化
  ➡第1章2　p.18を参照

- ピアジェはこのような考え方に基づき，**感覚運動期，前操作期，具体的操作期，形式的操作期の4段階からなる認知発達段階を提唱した**．以下，ピアジェの認知発達段階に従い，乳幼児期にみられるいくつかの特徴的な思考のあり方について説明する．

▶ 事物の永続性

- ピアジェの認知発達段階において，およそ2歳までの時期を感覚運動期と呼ぶ．この時期は，主に直接的な感覚や運動を通して，外部環境と関わっていく．また，循環反応と呼ばれる動作の繰り返しによって，新しいシェマを構成することや，他者や事物に働きかけることによって得られる結果から，手段と目的の関係を理解した行動，すなわち因果関係を意識した行動がみられるようになる．

  循環反応
  ➡第1章2　p.19を参照

- そして，1歳頃になると事物の永続性（object permanence）が成立する．個

図1 | 事物の永続性に関する実験

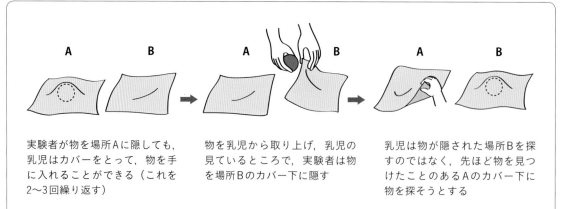

実験者が物を場所Aに隠しても，乳児はカバーをとって，物を手に入れることができる（これを2〜3回繰り返す）

物を乳児から取り上げ，乳児の見ているところで，実験者は物を場所Bのカバー下に隠す

乳児は物が隠された場所Bを探すのではなく，先ほど物を見つけたことのあるAのカバー下に物を探そうとする

（参考：ピアジェ J. 訳：中垣啓『ピアジェに学ぶ認知発達の科学』北大路書房. 2007. p.17.）

人差はあるが，生後6か月までの乳児は，物が急に目の前から消えたとしても，それを探そうとはしない．たとえば，目の前にあるお気に入りのおもちゃをハンカチで覆い隠してしまうと，乳児は探し出すことができないのである．生後6か月以降になると，いったん物が隠されたとしても探し出すことができるが，物を別の場所に移動させて隠すと，移動先の場所Bを探すのではなく，最初に隠された場所Aを探し続けようとする（図1）.

> 事物の永続性の概念が成立することは，自身を取り囲んでいる世界が安定していることを乳児が理解し，主体的かつ能動的に環境に関わっていくための前提でもある．

- このような過程を経て，1歳前後になると，物がいったん目の前から消えたとしても，どこかに存在し続けているという信念，すなわち事物の永続性が成立するようになる．

▶ 表象機能の発達

- 過去に経験したり目にしたことはあるが，いま・ここには存在しない事物に関するイメージや概念を**表象**（representation）といい，そのようなイメージや概念を思い浮かべる心の働きを表象機能と呼ぶ．ピアジェの認知発達段階によると，感覚運動期の終わり頃から前操作期にかけて，思い浮かべた表象を心の中で操作しながら考えることができるようになる．たとえば，目の前にないものを心の中に思い浮かべたり，さまざまなイメージを描いたりすることが可能になる．

- 表象機能の発達によって，早ければ1歳後半から，多くは2歳になってからみられるようになるのが「ごっこ遊び」である．ままごとの場合，親が自宅の台所で，包丁や鍋などの調理器具を使いながら料理していた場面を，数日後

に園庭の砂場でほかの子どもたちと遊んでいるときに思い出して料理のまねごとを始めるというように，その場にはいないモデルの行動を，時間をおいて再現しているのである．

- このような時間をおいた模倣のことを**延滞模倣**とよび，表象機能の発達に伴って出現する．また，ままごとの際に，砂を食材に，あるいはバケツを鍋に見立てて遊ぶことがあるが，ある物を別の物に見立てた遊び（象徴遊び）にも表象機能が大きく関わっている．

- そして3歳を過ぎると，自分が母親になって，鍋に見立てたバケツの中に，スープに見立てた砂を流し入れるなど，見立てとふりを組み合わせた「つもり」遊びができるようにもなる（倉持，2012）．

倉持清美．遊び・集団生活．編集：高橋惠子，湯川良三ら『発達科学入門[2]胎児期〜児童期』東京大学出版会，2012．p.197-217．

▶ 保存の概念

- ピアジェによると，前操作期はさらに**象徴的思考期（前概念的思考期）**（2〜4歳頃）と**直感的思考期**（4〜7歳頃）の2つの下位段階に区分される．なかでも直感的思考期では，表象に基づいた思考がさらに進んでいく一方，物事の判断が見かけ上の変化に大きく左右されやすい．ピアジェはこの点について，**保存の概念**（conservation）が成立しているかどうかを確かめるために，保存課題と呼ばれる実験を子どもたちに対して行った（図2）．

- たとえば，数の保存課題の場合，直感的思考期の子どもたちは，視覚的におはじきの間隔を広げた列のほうが，おはじきの数が多いと答える子どもが多かったが，具体的操作期以降の子どもたちは，見かけ上の変化に影響されず，おはじきの数はどちらの列も同じであるという論理的判断を下すことができた．

- 同様にピアジェらは，液量と長さについての保存課題も子どもたちに実施

> 保存の概念とは，対象の見た目（形や配置など）を変化させても，対象それ自体の数や量は不変であるという認識のことである．

図2｜ピアジェの保存課題

保存課題	課題の手続き	
数	白いおはじきを1列に並べて子どもに見せ（列A），それと同じ数のおはじきを並べてもらう． ⬇ 列Aと，子どもが自分で並べた列Bのおはじきが同じ数であることを確認する． ⬇ 子どもが見ている前で，列Bのおはじきの間隔を広げて（または詰めて），列Aと列B'のどちらのおはじきの数が多いか，それとも同じ数か質問する．	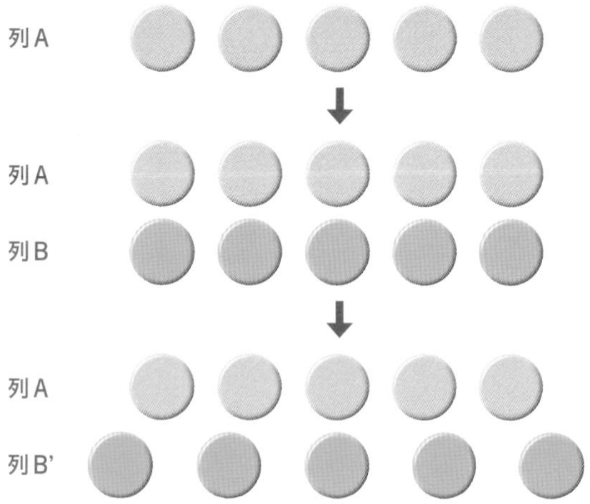 列A 列A 列B 列A 列B'
長さ	2本の棒AとBの両端を揃えて子どもに見せ，AとBが同じ長さであることを確認する． ⬇ 子どもが見ている前で，AはずらさずにBを平行にずらす． ⬇ 子どもにAとB'のどちらが長いか，それとも同じ長さであるか質問する．	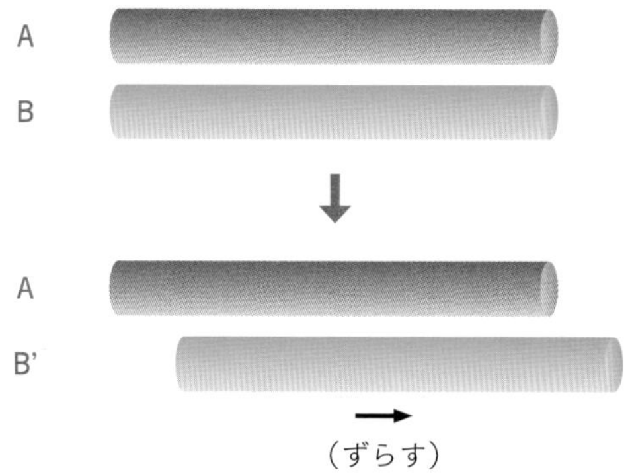 A B A B' （ずらす）
液量	同じ形で同じ大きさの透明な容器AとBに同じ高さまで水を入れ，AとBのいずれにも同じ量の水が入っていることを子どもに確認する． ⬇ AとBよりも細い（または太い）容器B'に，子どもが見ている前でBの水を移し換える． ⬇ 子どもにAとB'のどちらの水が多いか，それとも同じ量であるか質問する．	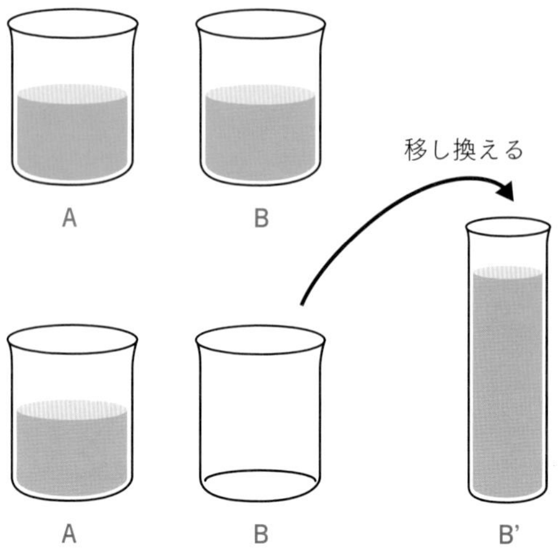 A　　B 移し換える A　　B　　B'

（参考：ピアジェ J. 訳：中垣啓『ピアジェに学ぶ認知発達の科学』北大路書房．2007．p.61-5）

し，直感的思考期の子どもたちと具体的操作期の子どもたちとの間には，保存概念の獲得に差があることを明らかにしている．

▶ 中心化

- 前操作期にみられる幼児の思考の特徴の一つとして，「**中心化**（または自己中心性）（centration）」があげられる．ピアジェは中心化について検討するために「三つ山課題」という実験を子どもたちに対して行った．

- 実験の結果，前操作期のなかでも直感的思考期にある子どもたちは，見る位置を変えると，三つの山の見え方も変化することは理解しているが，そこに「他者にはどのように見えているか」という観点が導入されると，自身からの見え方と他者からの見え方との間に折り合いをつけられなくなる（木村ら，1965）．このように，自己が取得する視点によって論理的判断が制約されてしまう幼児の思考の特徴をピアジェは中心化と呼んだ．

- なお，前操作期から具体的操作期に移行するにつれて，徐々に他者の視点を含む，複数の視点を意識した論理的判断や思考が可能になっていく．たとえば，図2に示されている液量の保存課題の場合，直感的思考期の子どもたちは，容器の水面の高さにのみ着目した判断をしてしまう．一方で具体的操作期に入った子どもたちは，水面の高さだけではなく，容器BとB'の幅の広さの違いや，水を容器BからB'に移し換える際に水の量を増減させる操作はされていないことなど，複数の次元を考慮に入れた判断ができるようになる．このように，自己の視点だけではなく，さまざまな側面から物事を総合的にとらえられるようになることを**脱中心化**（decentration）」という（Piaget, et al., 1941）．

▶ ピアジェ理論における課題

- これまでみてきたように，ピアジェは子どもが環境と相互作用していくなかで，自身のシェマを構造化し安定化させていくという均衡化概念によって人間の認知発達のメカニズムを説明しようとした．しかしながら，現在では子どもの認知発達について，ピアジェ理論では説明しきれない研究結果も数多く提示されるようになってきている．

- その一つとしてベイラージョン（Baillargeon, R.）らは，移動する事物に対して，乳児が注視する時間の長さに注目した実験を行った結果，生後3か月半の段階でも事物の永続性を有している可能性があることを明らかにした（Baillargeon, et al., 1991）．そして，塚野（1991）は，長さの保存課題におい

中心化とは，幼児自身の行為または視点と，幼児以外の他者の行為・視点とを区別することができず，結果として自身の行為や視点を絶対的なものとしてとらえる思考上の傾向を意味する．

木村允彦，伊藤恭子，空間の概念．波多野完治 編集『ピアジェの認識心理学』国土社．1965. p.40-71.

三つ山課題
➡ 第1章2　p.21を参照

Piaget J, Inhelder B. Le développement des quantités chez l'enfant. Delachaux et Niestlé. 1941（ピアジェ J，インヘルダー B．訳：滝沢武久，銀林浩．『量の発達心理学』国土社．1965）

Baillargeon R, DeVos J. Object permanence in young infant : Further evidence. Child Development. 1991 : 62(6). 1227-46.

塚野弘明．推論と活動の文脈─ピアジェ保存課題の再考．編集：佐伯胖，佐々木正人『アクティブ・マインド　人間は動きのなかで考える』東京大学出版会．1990. p.261-88.

て，図2に示したような標準的な実験手続きとは異なり，「橋をかけるために棒を使うとしたらどちらの棒が長いか」というように，「川に橋をかける」という具体的な文脈を提示すると正答率が高まることを示した．

発達の最近接領域
➡ 第 I 章 2　p.24 を参照

- また，ピアジェ理論は，個人と環境との相互作用を強調する一方で，他者との相互作用が認知発達に与える影響について詳細に論じてはいない．それに対してヴィゴツキー（Vygotsky, L.S.）は，子どもが独力で課題に向き合うときよりも，他者（仲間や大人など）の援助があれば解決可能な，能力の「伸びしろ」があることを主張している．この「伸びしろ」の部分をヴィゴツキーは**発達の最近接領域**とよび，この部分に働きかけていくような教育的な環境を構成していくことの重要性を示唆している．

波多野誼余夫，高橋惠子『文化心理学入門』岩波書店，1997.

- さらには，子どもと他者との相互作用は，より大きな社会や文化，文脈に取り囲まれながら行われていることも考慮に入れなければならない．人間の認知活動は，あらゆる場面・文脈に共通して普遍的に機能するわけではなく，その人が生きている社会・文化的要因，文脈と切り離すことができない状況依存的なものとしてとらえる**状況的認知**（situated cognition）というアプローチも提案されている（波多野，高橋，1997）．

❸　子どもの遊びと思考力の発達

▶ 遊びにおける問題解決

- ある目標を達成したいにもかかわらず，そのための手段が明確ではない，あるいはわからないときに人は問題状況に置かれる．そのような状況において，目標を達成するための手段や計画を考えることによって，目標とする状態へと向かう一連の過程を問題解決，その過程で発揮される力のことを問題解決能力という．

- この定義によれば，われわれの日々の生活は問題解決の連続であることがわかる．たとえば，夕食のメニューに必要な食材を購入する際，近所にある個人経営の店舗Aで買うよりも，スーパーマーケットBで買うほうが価格は安いが，Bのほうが家からの距離が遠く，その分交通費がかかるために，AとBのいずれかを選択すればよいか思い悩むような場面も問題状況であり，人は状況に応じてそのつど問題解決を行っている．

- そして，問題解決が求められる状況は，決して大人の活動場面だけに限定されるものではなく，子どもの日々の生活においても数多く見出される．このことについて，次に示す事例をもとに考えてみよう．

事例 **5歳児　立体ボウリングの遊び**

　ハルトとユウマは保育室の中央付近に積み木を組み始めた．ヒナタも加わり，前日よりも高い6段の坂を組み立てた．幼児の背丈よりも高くなったので，最上段の発射台の足場も設置した．崩れそうだったので，ガムテープで補強することを提案した．幼児たちだけであっという間に組み上げた．

　その坂から転がす物は，色水遊びで作った色水の入ったペットボトル．牛乳パックやティッシュの箱がピンとなった．全員でカウントダウンをして転がすルールも生まれた．さらにほかの幼児も加わる．場所を広く取った分，遊びの規模もダイナミックに展開していった．

　しかし，坂が急な角度で長くなったうえ，その幅はペットボトルと同じ長さしかないため，ペットボトルがうまく転がらず，ピンを倒すことが難しくなった．保育者の「ここにぶつかってしまった」という言葉をきっかけに積み木の構造にも意識が向き始める．

　障害物を作ってジャンプさせるなど，それぞれがアイデアを出し合う．ヒナタが平らな板を坂の途中に設置し，転がるラインを緩やかにすることでよりスムーズな転がり方になることを思いつく．

－（中略）－

　最終的には，ピンである牛乳パックを近づけることで，ほぼイメージ通りの立体ボウリングが完成した．

【メモ（保育者の気づいたこと）】

・5歳児たちの力はすごい！発射台を作るという目的をもって，みんなであっという間に作った．

・カウントダウンも遊びのルールだ．

・教師の言葉がきっかけで幼児たちはピンを倒すことより，いかに坂をうまく転がせるか，つまり坂の設計に集中していった．

・幼児たちはよく考えたり試したりして遊んでいる．すごいと思った．

（参考：文部科学省『幼稚園教育指導資料第5集—指導と評価に生かす記録』チャイルド本社．2013．p.19.）

- 一つは，遊びがスムースに展開しなくなったときの子どもたちの対応である．組み立てた積み木の最上部をボウリングの発射台として設定し，そこから色水の入ったペットボトルを転がして，牛乳パックやティッシュの箱のピンを倒す遊びが展開されているが，坂の角度や幅がペットボトルの大きさに見合ったものになっていないので，ピンがうまく倒れない問題状況に子どもたちは直面している．そこで，保育者の言葉かけ（「ここにぶつかってしまっ

た」)をきっかけに，単に積み木の上からペットボトルを転がしてピンを倒すという遊びにとどまらず，より楽しめる遊び(目標とする状況)にするための試みを子どもたちは積極的に行っている．

- そして，子どもたち同士でさまざまなアイデアを出し合うことによって，目標とする状況に向かう道筋ができたことである．「平らな板を坂の途中に設置」するアイデアは，決してヒナタ一人だけの思いつきではなく，ほかの子どもたちとのやりとりによって引き出されたものと考えることができる．

- これは「10の姿」における「思考力の芽生え」の「友達のさまざまな考えに触れる中で，自分と異なる考えがあることに気付き，自ら判断したり，考え直したりする」子どもたちの姿としてとらえることが可能だろう．遊びにおける子どもたち同士のやりとりが，一人ひとりの子どもの思考を触発し，それがまた遊びの展開に反映されていくというように，子どもたち一人ひとりの思考が相互に影響を与え合うなかで，問題解決に向けた協同的な思考が育まれている．

- さらに，保育者の「幼児たちはよく考えたり試したりして遊んでいる」というメモにあるように，子どもたちは試行錯誤しながら粘り強く遊びに取り組んでいることが事例から読み取れる．遊びという活動においては，必ずしも目標となる状況が最初から設定されているわけではない(本山，2019)．遊びのテーマ，遊びに参加する子どもの数や役割，遊びを取り巻く環境は状況に応じていくらでも変化しうる．

本山方子．乳幼児期の学びを支える保育．編集：杉村伸一郎，山名裕子『保育の心理学』中央法規．2019．p.169-80．

- このように，即興的に遊びが変化していく過程で，子どもたちはそのつど試行錯誤的に，場合によっては見通しをもった思考によって遊びを展開していくのである．

▶ 思考力や学ぶ力を高める保育のあり方

- 幼稚園教育要領では，指導計画の作成に当たって「幼児の主体的な活動を促すためには，教師が多様な関わりをもつことが重要であることを踏まえ，教

師は，理解者，共同作業者など様々な役割を果たし，幼児の発達に必要な豊かな体験が得られるよう，活動の場面に応じて適切な指導を行うようにすること」（文部科学省，2017）としている．この視点を踏まえながら，子どもの思考力や学ぶ力を高めるような保育者の関わりについて考えてみよう．遊び場面において保育者はさまざまな役割を果たしている．一つは子どもたちと一緒に遊ぶ仲間，すなわち「共同作業者」としての役割である．もう一つは，状況に応じて子どもたちに適切な関わりや援助を行う専門家，すなわち「理解者」としての役割である．

文部科学省『幼稚園教育要領』2017.

- 幼児期の子どもたちは，ピアジェのいう中心化という思考上の特徴もあり，子どもたちだけでは協同的な遊び活動を安定的に継続できない状況がしばしばみられる．だからといって，保育者が遊びの展開や方向性について直接的な指示をしたり口出しをするのは，子どもの育ちにとって望ましい関わり方とはいえない．

- たとえば，立体ボウリング遊びの事例において，保育者が行った提案（「崩れそうだったので，ガムテープで補強することを提案した」）や言葉かけ（「ここにぶつかってしまった」）は，遊びの枠組みや展開を直接的に方向づける指導ではなく，子どもたちが遊びをよりよいものにするために，自ら「気付いたことや，できるようになったことなどを使い，考えたり，試したり，工夫したり，表現したりする」ことを促すような援助や関わりであることが読み取れる．

- このように，**保育者が直接的に指示を行うのではなく，子どもが主体的に思考し，学ぶ力を引き出していくような援助のあり方を，「足場かけ（scaffolding）」という．**

足場かけ（scaffolding）
➡ 第1章2 p.24を参照

- 幼児期から小学校にかけては，「学びの芽生え」から「自覚的な学び」に向かう時期である（幼児期の教育と小学校教育の円滑な接続の在り方に関する調査研究協力者会議，2010）．幼児期の子どもたちは決して「学ぶ」ことを強く意識して活動を展開しているわけではない．むしろ，遊びという活動を通し，楽しいことや好きなことに夢中になって取り組むことの結果としてさまざまなことを学んでいく．

幼児期の教育と小学校教育の円滑な接続の在り方に関する調査研究協力者会議『幼児期の教育と小学校教育の円滑な接続の在り方について（報告）』2010.

- 一方，小学校以降の学校教育では，子どもたちは教科に基づいて行われる授業や，そこで与えられる課題を通して「学ぶ」ことを自覚的に意識し，計画的に学習を進めていく必要がある．たとえば，「算数」の授業が終わったら，5分間の休憩を挟んで，次の「社会」の授業に取り組むというように，時間割に従って，集中するべき活動を自覚的に切り替えていかなければならない．

- 「学びの芽生え」から「自覚的な学び」へと円滑に橋渡しをしていくために，保育者は，子どもたち一人ひとりが自発性や主体性をもって，さらには好奇心

をもって環境に働きかけていけるような援助や関わり方，保育環境の構成を意識する必要がある．たとえば，物的環境一つとってみても，保育室に置かれている椅子は，受動的に座るだけの場所ではなく，場合によっては椅子の上に立つ，跳び箱にする，テーブルになるというように，子どもたちが主体的に働きかけ，さまざまな行動の可能性を広げるものとしてとらえることもできる（仙田，2018）．

仙田満『こどもを育む環境 蝕む環境』朝日新聞出版，2018.

- いずれにせよ，「学びの芽生え」から「自覚的な学び」へと移行していく過程で，子どもたちには，自発性と主体性をもって学びに向かい，思考力を発揮できるような体験が十分に保障されなければならない．そのなかで，生きるために必要な自らが学んでいく力，あるいは自らが必要とする知識を作り上げていく自己学習能力（波多野ら，1984）が育まれていくのである．

波多野誼余夫，稲垣佳世子『知力と学力─学校で何を学ぶか』岩波書店，1984.

話し合ってみよう

子どもの思考力を引き出す環境構成について

　夢中になって遊びなどの活動に取り組んでいる様子を観察していると，子どもたちは心身のいずれも存分に働かせながら環境に関わっていることがわかります．そして，子どもたちにとって，身の回りを取り囲んでいるあらゆる環境が，彼らの思考を触発し，主体的な学びを促す「教材」となっていることも理解できるでしょう．

　そこで，子どもたちが保育の場において，「気づいたことや，できるようになったことなどを使い，考えたり，試したり，工夫したり，表現したりする」力を培い，十分に発揮できるような環境構成について，保育者の視点から考え，話し合ってみましょう．

Discussion Point

▶ 物的環境のあり方（例：おもちゃ，遊具，園舎，園庭，園内の設備）

▶ 人的環境のあり方（例：子ども同士の関係性，保育者の言葉かけ）

▶ 知的環境のあり方（例：園内の掲示物や標識における文字，数字，絵，記号）

◉ **文献**

- 波多野誼余夫，稲垣佳世子『知力と学力―学校で何を学ぶか』岩波書店．1984.
- 波多野誼余夫，高橋惠子『文化心理学入門』岩波書店．1997.
- 木村允彦，伊藤恭子，空間の概念．波多野完治 編集『ピアジェの認識心理学』国土社．1965. p.40-71.
- 厚生労働省『保育所保育指針解説』フレーベル館．2017.
- 倉持清美．遊び・集団生活．編集：高橋惠子，湯川良三ら『発達科学入門[2]胎児期～児童期』東京大学出版会．2012. p.197-217.
- 文部科学省『幼稚園教育要領』2017.
- 本山方子．乳幼児期の学びを支える保育．編集：杉村伸一郎，山名裕子『保育の心理学』中央法規．2019. p.169-80.
- 内閣府，文部科学省，厚生労働省『幼保連携型認定こども園教育・保育要領』2018.
- Piaget J, Inhelder B. Le développement des quantités chez l'enfant. Delachaux et Niestlé. 1941（ピアジェ J，インヘルダー B．訳：滝沢武久，銀林浩．『量の発達心理学』国土社．1965）
- ピアジェ J．訳：中垣啓『ピアジェに学ぶ認知発達の科学』北大路書房．2007.
- 仙田満『こどもを育む環境　蝕む環境』朝日新聞出版．2018.
- シュミット S．訳：野村和『幼児教育入門―ブルーナーに学ぶ』明石書店．2014.
- ヴィゴツキー LS 訳：柴田義松『思考と言語（新訳版）』新読書社．2001.
- 幼児期の教育と小学校教育の円滑な接続の在り方に関する調査研究協力者会議『幼児期の教育と小学校教育の円滑な接続の在り方について（報告）』2010.

◉ **学びを深めるための参考図書**

- 開一夫『赤ちゃんの不思議』岩波書店．2011.
- 松本博雄．枠組みを意識し子どもと向き合う：J.ピアジェ『知能の誕生』．編集：夏堀睦，加藤弘通『卒論・修論をはじめるための心理学理論ガイドブック』ナカニシヤ出版．2007. p.1-11.

9 自然との関わり・生命尊重
─子どもの発達と環境

学習のポイント

1. 保育における子どもと自然との関わりの重要性を知り，生命を尊重する心を養うことの意義について理解できる．
2. 身近な自然環境をどのように保育につなげていくか，その方法について理解できる．

1 保育における「自然との関わり・生命の尊重」

文部科学省『幼稚園教育要領解説』2018.

- 幼稚園教育要領（文部科学省，2018）では，「幼稚園教育において育みたい資質・能力及び『幼児期の終わりまでに育ってほしい姿』」に，「自然との関わり・生命尊重」が明記されている．

厚生労働省『保育所保育指針解説』2018.

- 保育所保育指針（厚生労働省，2018）の「保育の目標」においても，「生命，自然及び社会の事象についての興味や関心を育て，それらに対する豊かな心情や思考力の芽生えを培うこと」が明記されている．

（保育所保育指針）

4　幼児教育を行う施設として共有すべき事項

（1）育みたい資質・能力

　ア　保育所においては，生涯にわたる生きる力の基礎を培うため，1の(2)に示す保育の目標を踏まえ，次に掲げる資質・能力を一体的に育むよう努めるものとする．

　　（ア）豊かな体験を通じて，感じたり，気付いたり，分かったり，できるようになったりする「知識及び技能の基礎」

　　（イ）気付いたことや，できるようになったことなどを使い，考えたり，試したり，工夫したり，表現したりする「思考力，判断力，表現力等の基礎」

　　（ウ）心情，意欲，態度が育つ中で，よりよい生活を営もうとする「学びに向かう力，人間性等」

　イ　アに示す資質・能力は，第2章に示すねらい及び内容に基づく保育活動全体によって育むものである．

(2)幼児期の終わりまでに育ってほしい姿

次に示す「幼児期の終わりまでに育ってほしい姿」は，第2章に示すねらい及び内容に基づく保育活動全体を通して資質・能力が育まれている子どもの小学校就学時の具体的な姿であり，保育士等が指導を行う際に考慮するものである．

キ　自然との関わり・生命尊重

自然に触れて感動する体験を通して，自然の変化などを感じ取り，好奇心や探究心をもって考え言葉などで表現しながら，身近な事象への関心が高まるとともに，自然への愛情や畏敬の念をもつようになる．また，身近な動植物に心を動かされる中で，生命の不思議さや尊さに気付き，身近な動植物への接し方を考え，命あるものとしていたわり，大切にする気持ちをもって関わるようになる．

（※下線は筆者が追加）

- 子どもたちの自然との関わりや生命尊重においても，保育者による環境構成や工夫が必要である．
- 保育所保育指針では，「保育所保育の基本原則」の「保育の環境」において，「保育の環境には，保育士等や子どもなどの人的環境，施設や遊具などの物的環境，更には自然や社会の事象などがある．保育所は，こうした人，物，場などの環境が相互に関連し合い，子どもの生活が豊かなものとなるよう」に，環境構成を工夫するよう記されている．

ウ　環境
周囲の様々な環境に好奇心や探究心をもって関わり，それらを生活に取り入れていこうとする力を養う．
（ア）ねらい
① 身近な環境に親しみ，触れ合う中で，様々なものに興味や関心をもつ．
② 様々なものに関わる中で，発見を楽しんだり，考えたりしようとする．
③ 見る，聞く，触るなどの経験を通して，感覚の働きを豊かにする．
（イ）内容
① 安全で活動しやすい環境での探索活動等を通して，見る，聞く，触れる，嗅ぐ，味わうなどの感覚の働きを豊かにする．
② 玩具，絵本，遊具などに興味をもち，それらを使った遊びを楽しむ．
③ 身の回りの物に触れる中で，形，色，大きさ，量などの物の性質や仕組みに気付く．
④ 自分の物と人の物の区別や，場所的感覚など，環境を捉える感覚が育つ．
⑤ 身近な生き物に気付き，親しみをもつ．
⑥ 近隣の生活や季節の行事などに興味や関心をもつ．

（※下線は筆者が追加）

- 領域「環境」の「内容の取扱い」では，「② 身近な生き物との関わりについては，子どもが命を感じ，生命の尊さに気付く経験へとつながるものであることから，そうした気付きを促すような関わりとなるようにすること」(厚生労働省，2018)と記載されており，**保育者は，子どもに生命の大切さを直接伝え教えていくのではなく，気づきを促すような環境構成や関わりを作り出すことが重要である**.

- 子どもが命あるものの「生命」に気づくためには，命あるものが保育のなかに溶け込み，子どもがいつでも触れられる環境がなければ気づきは生まれない.

- 自然に触れ，感動したり美しさを感じたりする情動体験が大切である．この情動を伴う経験が，表現につながったり，命を大切にする心を育んだりする土台となっていく.

- 自然との関わりや生命尊重は，保育内容「環境」にも明記されているが，一領域のみで行うのではなく，保育全体を通して育まれていくものである.

- **子どもが命の尊さに気づくためには，大人が生命に対してどのように向き合っているのか，どのように子どもに伝えていきたいかという思いも大きく影響する**．保育者の倫理観や生命への尊重，人間性も，子どもに与える重要な要因となる.

- 大人も，生命や自然への感受性を高め，子どもと同じ目線で生命を見つめられるよう，感性を豊かにしていくことが大切である.

話し合ってみよう

地域の中の自然を探そう

　あなたが住んでいる地域を思い出してみよう．いつも生活している地域にはどんな自然があるだろう？　地域の自然マップを描き，子どもたちとの散歩コースや遊び場となりそうな場所を見つけ，その場所に子どもたちと出かけたとき，どのような自然に気づき感じてほしいか考えてみよう.

Discussion Point

▶ 自然に存在しているものだけではなく，住民が植えて手入れしたものも，大切な自然ですね.

▶ 歩く道も，アスファルトだったり石が転がった補装されていないものだったり，当たり前のように歩いているところにも，自然はたくさんあります.

② 命の理解と発達

▶ アニミズム

- 子どもの特有の世界の見え方の一つに**アニミズム**（animism）がある（Piaget, 1955）.
- 子どもにとって生命を宿す対象となるのは，虫や犬，猫などの身近な生物や動物はもちろん，太陽や雨などの自然物や，ぬいぐるみや椅子などの人工物などさまざまである.
- 大人になってもぬいぐるみなど愛着のあるものに対し，生命があるかのように大切に扱うことがあるが，**子どもと大人との違いは，心的世界と物的世界**

ピアジェ J. 訳：大伴茂『臨床児童心理学Ⅱ児童の世界観』同文書院. 1955.

> アニミズムは，生命が宿っていないものに対しても生命が宿っている，意識があると認識する世界観で，子ども一人ひとりがそれぞれの基準をもって特定の対象に選択的に命を宿している.

─ 話し合ってみよう ─

命の尊さを伝えるということ

　4歳のヤマト君とユイちゃんは，小さなバケツを持って園庭を仲良く散策しています. 歩いては足をとめ，屈みこんではお気に入りのものをバケツの中に集めているようです. そのバケツの中には，草や土，枝や石などいろいろなものが入っていて，2人にとってはお宝のようです. そんななか，「せんせいーみてー」と2人が近づいてきました. バケツの中を覗き込むと，そこには小さな虫もたくさん入っています. しかし，よく見ると，石につぶされて元気がなくなっている虫，脱出しようと動き回っている虫など，そこにはさまざまな生命の姿があります. このような場面に出会ったとき，保育者としてどのような意図をもってヤマト君とユイちゃんと関わろうと思うか，考えてみましょう.

Discussion Point

▶ 子どもはどのような意図でバケツに虫を集めていると考えられるでしょうか.
▶ 子どもの生命への関心と今後の学びの土台となる知的好奇心の両方を支える対応について考えてみよう.

の違いや区別といった認知発達の未熟さや，乳児期の自他区別や自我の発達の未熟から生じているところにある．

- アニミズムには4つの発達段階があり，第1段階(6・7歳頃まで)では，ほとんどのものに生命が宿っているとみている段階，第2段階(6〜8歳頃)では動いているものに対して生命が宿っているとみる段階，第3段階(8〜11歳頃)までは自発的に動くものに生命が宿っているとみる段階，第4段階(11・12歳頃〜)は生命のある動物や植物に限定され認識されていく(Piaget, 1926/1962).

▶ 生命観の発達

- 「生命」と対比する語は「非生命」で，「死」を意味する．外界には，生命あるもの，生命のないモノと，生命はあったが生命を失ったものが存在している．
- 非生命のモノの理解は生後数か月頃には認識されるが，生命あるものが生命を失うという「死」のプロセスからの生命の理解は9歳頃になる(Nagy, 1948).
- 生命観とは，「生物」といわれる一群の存在とその他の存在とを区別する特性としての「生命」に対する見方のことをいい，子どもの生命観の認識の発達には順序性がある(森，1985)(表1)．幼児期は，「**擬人化的生命観**」の段階にあり，6〜7歳頃に「**生気論的生命観**」へと発達していく．
- 対象は「生きている」と認識する「生命」の概念と，対象に「意識がある」と認識する「意識」の概念が関連し合いながら生命観を発達させていく(森，1985).

Nagy M. The child's theories concerning death. The Pedagogical Seminary and Journal of Genetic Psychology. 1948 : 73. 3-27.

森一夫. 生命観の発達(発展)に関する一考察—特に子どもの生命観の発達を中心にして. 科学哲学. 1985 : 18. 77-88.

表1 ｜ 生命観の認識と発達

擬人化的生命観 (the conception of personified life)
自分の意識や感情を対象に投影させて，対象に意識や感情があると考えて「生きている」と認識する段階
生気論的生命観 (vitalism)
自律的な活動をしている対象に対して「生きている」ととらえて対象に霊魂や生命など活動の元となる存在を認識し，それが対象の動きとなっていると認識する段階
擬機械論的生命観 (mechanism)
生命という現象は，生物としての機能を備えているもので，生物の体内で物理的・化学的現象が生じており，それが「生命」の現象と認識する段階
システム的生命観 (the conception of life regarded as a system)
生命という現象は有機的，全体的，システム的にまとまりのあるものと認識する段階

〔参考：森一夫. 生命観の発達（発展）に関する一考察—特に子どもの生命観の発達を中心にして. 科学哲学. 1985：18. 77-88.〕

- 生命観は，命への気づきや興味・関心につながる．保育者は，子どもたちの生命に対する見方を形づくる重要な役割を担っていることを忘れてはならない．
- 教育基本法(文部科学省，2006)の第二条の四では　「生命を尊び，自然を大切にし，環境の保全に寄与する態度を養うこと」と教育目標が記載されている．
- 生命を尊び，生命観を育むため，幼児期から児童期にかけ連続性をもって保育・教育を行うことが大切である．

文部科学省『教育基本法』2006.

事例　**ものを大切にする大人の姿が子どもの心を形成する**

　ある晴れた日．いちご組の子どもたちがいつも遊んでいるぬいぐるみをあえて子ども達の前で洗濯しようと思いついた担任保育者．子どもたちが降園したあとに洗濯機にかけてきれいにすれば簡単なことだが，保育者には意図があった．子どもたちの前でたらいにぬるま湯を入れてぬいぐるみのお風呂をつくる．ぬいぐるみをお風呂に入れ，優しくぬいぐるみの手を洗い，目にお湯が入らないように優しくそっと顔も洗う．

　子どもたちは，たらいの周りに自然と集まり，「くまくん，あったかくて気持ちいいね」「くまくん，きれいになるのうれしいね」とぬいぐるみの気持ちになってお風呂に浸かっているぬいぐるみに話しかけている．優しく足からお腹，手の水を切り，太陽の光が当たるところに椅子を置き，お風呂上りのぬいぐるみをそっと座らせる．気持ちよさそうに日向ぼっこするぬいぐるみを見て「きれいになったね〜」と声をかける子どもたち．

　翌日から，ぬいぐるみを片づける子どもたちの姿は優しく，思いやりあふれる姿が広がった．命を大切にする心は，言葉だけではなく，日々の保育者の思いや姿からも形成されていく．

③　生命の大切さを育む保育方法

- 近年，核家族化や地域の希薄化が進み，子どもたちの人の生命の誕生や死に立ち会う経験は少なくなってきている．命の大切さを知るということは，生きているものに触れ，死があるということを理解する必要がある．草や花，虫など子どもたちにとって身近なものにも生と死がある．すべてには命があり，尊重すべきものであるということを，日々の保育のなかで伝えていくことも大切である．

- 四季が感じられる自然や，命を豊かに感じられる環境が園にあることもあれば，ない場合もある．保育者は，地域という環境のなかで創意工夫をしながら自然や生命に触れられる機会を作り出し，子どもが主体的に関わり豊かな経験が蓄積されるよう，保育内容を考え，保育環境をコーディネイトしていく必要がある．

- 子どもが生命の大切さに気づくためには，保育者という人的環境も重要なきっかけとなる．

- 子どもにとって身近な保育者自身が，身近にある自然や生命の存在に気づき，尊い生命を尊いものとして表現したり伝えたりすることは大切である．たとえば，散歩のときに感じる風の冷たさ，雨が降った次の日の園庭の土のにおいや水たまり，鳥の鳴き声，太陽の光でできる木や園舎の影，四季折々に咲き誇る草や花など，保育の日常のなかで感じられる自然は多くある．感じたことを保育者が言語化したり表現したりすることで，子どもも自然に気づき，自然を感じ，そこから生まれる感情や思いを表現するようになる．

- 身近に感じる一瞬の自然のありようを見落とすことなく，子どもと共有していくことも大切である．

▶ 食育からみた生命の尊重

社会福祉法人全国社会福祉協議会全国保育士会『子どもの育ちを支える食～保育所等における「食育」の言語化～』2020．

- 乳幼児期の食事は心と身体の発達や発育に欠かせないもので，人間性の形成において重要な土台となる（全国保育士会，2020）．食育は保育において重要な生活の一部である．

- 食は，命をいただく行為でもあり，「いただきます」から始まり「ごちそうさま」で終わる命への感謝が最も生活のなかで伝えられる場面でもある．何に対しての，誰に対しての「いただきます」と「ごちそうさま」なのか，乳幼児期から伝承していくことが大切である．

- 保育所保育指針の「第3章　健康及び安全」の「2食育の推進」においても，「自

事例 **雨が描く自然のキャンバス**

　年少いちご組の子どもたちの今の興味・関心は絵の具で遊ぶことである．赤・青・黄・緑など，いろいろな色を混ぜてはその変化を見て楽しんでいる．ときには手で直接絵の具を触り，真っ白な画用紙の上にぐるぐる伸ばして感触を感じたり，ほかの色と混ざり合う様子を科学者のように真剣なまなざしで調合したりして楽しんでいる．絵の具を水で薄めたり，色を混ぜたりすると，彩度や明度が変化し，また違った色を感じることができる．

　ある雨の日，保育者は，真っ白な画用紙の上に絵の具をのせて指で伸ばし，その画用紙を窓の外に出した．「ポツン…ポツン…」という雨の音と同時に，画用紙の上の絵の具が自然と滲んでいく．それを見た子どもたちは，雨の音や絵の具が広がる様子を真剣に見つめている．雨の日は外に出られない残念な日ではなく，保育者の少しの工夫で，雨という自然を感じられる素敵な1日になる．

然の恵みとしての食材や食の循環・環境への意識」が育つよう，保育環境に配慮することが明記されている．

• 調理された食材から命をいただくことの大切さを伝えることも重要だが，**野菜や果物を種から育て，実る過程を子どもと共に観察しながら命の変化を学ぶことも重要な経験となる**．

• 園で命ある生きものを飼育することも，命を知るきっかけとなる．ただ餌を与え飼育するだけではなく，その生きものについて知る機会を積極的に設け，生きものが生きているとはどういうことか，生きることを支える具体的な方法は何かを伝えていくことが大切である．

生まれ育った地域の食材に触れることも重要である．地域の特産に触れる経験を通して，故郷を知り，愛着を形成していく．また，春夏秋冬それぞれの季節に旬を迎える食材に触れることも，自然や生命の伝承につながっていく．

（保育所保育指針）

第3章 健康及び安全

2　食育の推進

(2)食育の環境の整備等

ア　子どもが自らの感覚や体験を通して，自然の恵みとしての食材や食の循環・環境への意識，調理する人への感謝の気持ちが育つように，子どもと調理員等との関わりや，調理室など食に関わる保育環境に配慮すること．

イ　保護者や地域の多様な関係者との連携及び協働の下で，食に関する取組が進められること．また，市町村の支援の下に，地域の関係機関等との日常的な連携を図り，必要な協力が得られるよう努めること．

ウ　体調不良，食物アレルギー，障害のある子どもなど，一人一人の子どもの心身の状態等に応じ，嘱託医，かかりつけ医等の指示や協力の下に適切に対応すること．栄養士が配置されている場合は，専門性を生かした対応を図ること．

（※下線は筆者が追加）

話し合ってみよう

乳児と自然

　自然は，草や木，太陽や雨だけではなく，遠くから聞こえる鳥の声，保育室の窓からゆっくりと入ってくる風も自然の一つです．0・1歳児クラスでも感じられる自然にはどのようなものがあるか，話し合ってみよう．

Discussion Point

▶直接見たり触れたりできる自然のみならず，遠くから聞こえる音（聴覚）やにおい（嗅覚）などの感覚から感じる自然もあります．

▶保育者が意図した自然を取り入れることもできますね．

◉ 文献

- 厚生労働省『保育所保育指針解説』2018. https://www.mhlw.go.jp/file/06-Seisakujouhou-11900000-Koyoukintoujidoukateikyoku/0000202211.pdf（最終閲覧：2022年5月）
- 文部科学省『教育基本法』2006. https://www.mext.go.jp/b_menu/kihon/about/mext_00003.html（最終閲覧：2022年5月）
- 文部科学省『幼稚園教育要領解説』2018. https://www.mext.go.jp/content/1384661_3_3.pdf（最終閲覧：2022年5月）
- 森一夫. 生命観の発達（発展）に関する一考察─特に子どもの生命観の発達を中心にして. 科学哲学. 1985：18. 77-88.
- Nagy M. The child's theories concerning death. The Pedagogical Seminary and Journal of Genetic Psychology. 1948：73. 3-27.
- ピアジェ J. 訳：大伴茂『臨床児童心理学Ⅱ児童の世界観』同文書院. 1955.
- 社会福祉法人全国社会福祉協議会全国保育士会『子どもの育ちを支える食～保育所等における「食育」の言語化～』2020. https://www.z-hoikushikai.com/about/siryobox/book/syokuikugengoka.pdf（最終閲覧：2022年5月）

10

数量や図形，標識や文字などへの
関心・感覚
―認知・学習の発達

学習のポイント

1. 子どもの読み書きの前兆となる行動を理解することができる．
2. 子どもの数量概念の発達と関係する行動を理解することができる．
3. 保育活動中の言語・数量概念に関わる要素を理解することができる．

① 文字への関心

太田静佳，宇野彰ら．幼稚園年長児におけるひらがな読み書きの習熟度．音声言語医学．2018：59(1)．9-15.

- 5歳から6歳頃にかけて，子どもは文字の読み書きができるようになり始める．一般に，年長児ではひらがな清音（いわゆる五十音）の読みがほぼ完成していることが知られている（太田ら，2018）．

- とはいえ，子どもは急に文字を読み始める，あるいは書き始めるわけではない．その前兆としての行動がみられ，関係する認知発達が存在する．そして，実は日々の保育のなかにはそれらを促すための活動や環境的配慮がありふれている．以下ではそれらについて述べていく．

▶ イマージェント・リテラシー（萌芽的な読み書き能力）

Teale WH, Sulzby E. Introduction：emergent literacy as a perspective for examining how young children become writers and readers. Teale WH, Sulzby E.(Eds.). Emergent Literacy：Writing and Reading. Ablex Publishing. 1986. p.VII-XXV.

- 読み書きをする能力のことをリテラシーという．そして子どもが読み書きを学校で学び始める前にみられる，読み書きの前兆といえる行動や子どもの認知発達を総称的にイマージェント・リテラシー（emergent literacy）という（Teale, et al., 1986）．

- 以下では読み書きについての概念的理解や，メタ言語知識，そして口語スキルといったイマージェント・リテラシーに関わる諸要素（表1）について説明する．

表1 │ イマージェント・リテラシーに含まれる要素

読み書きについての 概念的理解	読み書きへの意識	読み書きという行為の理解やそれを自身ができるかどうかの感覚．
	文字意識	文字であるとわかる．
	文脈依存の単語読み	文脈や視覚的特徴をもとに単語を読むことができる．
メタ言語知識	字の知識	各字を見分けることができる．
	音韻意識	音を認識することができる．
	字−音の対応の知識	字と音の対応がわかる．
口語スキル	語彙	言葉が表すものがわかる．その多さ．
	聞く力	聞いて理解することができる．
	語る力	経験した出来事について語ることができる．

〔参考：Sénéchal M, LeFevre JA, et al. On refining theoretical models of emergent literacy the role of empirical evidence. Journal of School Psychology. 2001：39（5）．439-60.〕

▶ 読み書きについての概念的理解

- 読み書きへの概念的理解には，読むこと・書くことそのものについての理解や，それを自身ができるかどうかについての子ども自身の感覚が含まれる
- 日常の活動に含まれる文字に接することや，文字に関する活動を通じて，子どもは文字と文字ではないものの違いを認識するようになっていく．持ち物や名札に書かれた自分の名前やよく食べるおやつのロゴ，お店の看板，好きな絵本に書かれた文字…といった文字が幼児の触れやすいものとしてあげられる．そのようななかで文字が意味や音を表すもので，どういうふうに書かれるかということを学んでいくのである．

今井靖親. 幼児における文字意識の発達. 奈良教育大学教育研究所紀要. 1982：18. 109-16.

- 見慣れた文字列を「文字である」と認識できるようになっていく文字意識は幼児期を通じて高まる. 3歳や4歳頃の文字の読みを十分に獲得していない幼児であっても，複数の異なった字が直線的に配列されているものが文字であるという認識をもっていることが示されている（今井，1982）.

- まだ一つひとつの字を読むことができない幼児であっても，よく目にする文字列については場所などの文脈や，文字の形などの視覚的ヒントを手掛かりに推測して読むことができる.

- たとえば，よく目にするもの（例：持ち物に書かれた自分の名前）をどう読むかを理解していることがあり，そうした姿が文字意識の高まりと関連する行動上の特徴といえる.

Sénéchal M, LeFevre JA, et al. On refining theoretical models of emergent literacy the role of empirical evidence. Journal of School Psychology. 2001：39(5). 439-60.

- 幼児期の文字意識の高まりは，読みの獲得の必要条件だと想定されている. しかし，実際的な読みの獲得にあたっては，文字意識の高まりよりも次に述べるメタ言語知識や口語スキルの成長の影響が大きいことが示されている（Sénéchal, et al., 2001）.

>> メタ言語知識

アルファベット圏ではaからzまで26種のアルファベットを覚えればよいのに対し，日本語ではひらがなだけで46種，ほかにカタカナ・漢字が入る.

- 文字や言葉，あるいは音についての知識が読み書きの獲得には関わる. メタ言語知識には文字についての知識（文字を見分けられること）や音韻意識，文字と音の対応がつくこと（ある文字をどう読むのかがわかること）が含められる.

小澤敦夫，野村幸正. 幼児の漢字と仮名の読みに及ぼす弁別および解読過程の効果. 教育心理学研究. 1981：29(3). 199-206.

高橋登. 幼児のことば遊びの発達："しりとり"を可能にする条件の分析. 発達心理学研究. 1997：8(1). 42-52.

- 文字についての知識に関して，文字を覚えたり読むためには，ある文字の視覚的特徴を覚えてほかの文字と区別することができなければならない. 日本語の場合は文字の数が多いため，形を見極める力，すなわち文字や図形を弁別する力と文字を読む力との間には関係が指摘されている（小澤ら，1981）.

日本語の一つの音の単位をモーラという. たとえば，りんごはり・ん・ごの3モーラである.

- 音韻意識とは，「あ」「か」といったそれぞれの音の認識に関わる能力である. たとえば「りんご」と聞こえたときに，それが「り」「ん」「ご」という音から成り立っていると認識できることに関わる. 音韻意識の高まりがみられると，たとえばしりとりのような，単語の最後の音の理解およびそれと最初の音が一致する語を答えることが求められる遊びが可能になっていく（高橋，1997）.

>> 口語スキル

Storch SA, Whitehurst GJ. Oral language and code-related precursors to reading：evidence from a longitudinal structural model. Developmental Psychology. 2002：38(6). 934-47.

- 読み書きよりも先に，聞いて理解し，話すところから子どもの言語発達は始まる. 特に学齢期以前はそうした話し言葉（口語）についてのスキルと上述の文字意識やメタ言語知識は密接に関わり合う（Storch, Whitehurst,

2002)．口語スキルには語彙（言葉の数）や聞いて理解する力，経験した出来事について語る力といった側面が含められる．

≫ 書字

- 文字意識の高まりに応じて，低年齢であっても子どもが字を書こうとする様子がみられる（Ferreiro, 1986）．自身や家族・友達の名前や，好きなものなどの名詞について見よう見まねで書き始めることが多い．

- 横山ら（1998）は，幼稚園児の手紙遊びについて分析し，年中児であっても宛名や宛先（組名）については記載されている場合が多いこと，さらに**年長児になるとあいさつや約束といったコミュニケーションのための手段として書き言葉が用いられることが多くなっていく**ことを示している．

Ferreiro E. The interplay between information and assimilation in beginning literacy. Teale WH, Sulzby E.(Eds.). Emergent Literacy：Writing and Reading. Ablex Publishing. 1986. p.15-49.

横山真貴子，秋田喜代美ら．幼児はどんな手紙を書いているのか？：幼稚園で書かれた手紙の分析．発達心理学研究．1998：9(2)．95-107.

② 幼児期の読みの発達的変化

- 読みの獲得について，フリス（Frith）によると，ロゴやシンボルマーク的な処理の段階，文字と音の対応関係（一音一文字）成立の段階，まとまり読みの段階というように読みは発達していく（Frith, 1985）．

Frith, U. Beneath the surface of developmental dyslexia. Surface Dyslexia：Neuropsychological and Cognitive Studies of Phonological Reading. EHbaum. 1985. 301-30.

▶ ロゴやシンボルマーク的な処理の段階

- 幼児がよく目にし，何と読むのかわかる文字列について読む段階である．この段階ではよく目にする文字列についてのみ読むことができるが，その文字列の各文字が何の音と対応しているかはまだわからない状態である．

- たとえば自分の名前が書かれているとそれが何であるか読むことができるが，そのなかの一文字を指して読むように言うと答えることが難しい，といった状態が子どもにみられる．普段目にし，関心の高い文字列についてはこうした読み方が成立し，たとえば自分の名前や，標識，お店の看板，好きなお菓子や飲み物，絵本に登場するものなどに生じやすい．

- この段階での読みは，**文字の視覚的特徴の認識能力と，どこにあるか・何に書かれているかといった文脈が読みの成否に関連する**．

Frith(1985)の3段階の訳は（川﨑, 2017）に従っている．

川﨑聡大．ディスレクシア．編集：日本児童研究所．児童心理学の進歩 2017年版．金子書房．2017. p.157-81.

▶ 文字と音の対応関係（一音一文字）成立の段階

- この段階では，文字と，それをどう読むかという対応についての知識が次

第にできてくる．この読み方が5歳から6歳頃にかけて成熟する段階である．

- 先のロゴやシンボルマーク的な処理の段階との違いは，文字−音の対応についての知識をもとに初めて読む文字列や，あるいは意味のない文字列であっても読むことができるようになることである．

- この段階では，文字を音に変換する読み方をするので音韻意識が強く関係するといわれている．

▶ まとまり読みの段階

- 児童期以降が目安となり小学校中学年頃までにかけて成熟する．この段階ではいわゆるまとまり読みができる段階である．単語をある程度の意味のまとまりをもった塊(形態素)単位で認識して読むことができる．

- 文字−音の対応だけではなく，形態素から意味−音の対応を使って読むことができるようになっていく．この段階では先の文字と音の対応関係成立の段階と異なり，必ずしも音韻意識に関する力が強く用いられるわけではない．というのも，文字の意味を推測してそこから読むこともできるためである．

③ 数概念の発達

Raghubar KP, Barnes MA. Early numeracy skills in preschool-aged children：a review of neurocognitive findings and implications for assessment and intervention. Clinical Neuropsychologist. 2017：31(2). 329-51.

Lipton JS, Spelke ES. Origins of number sense：Large-number discrimination in human infants. Psychological Science. 2003：14(5). 396-401.

Benoit L, Lehalle H, et al. Do young children acquire number words through subitizing or counting? Cognitive Development. 2004：19(3). 291-307.

- 幼児期の数に関する子どもの行動には大小の比較，数の即座の把握，数える行為(数唱・計数)，加える・引くといった簡単な数の操作が含まれる(Raghubar, et al., 2017).

- これらの行為は具体的な物を使って行われる場合もあれば，アラビア数字といったシンボルを用いて行われる場合もある．数概念は独立して発達するわけではなく，言語発達などほかの領域の認知発達と関連しながら育っていく．

▶ 数の大小の比較や即座の把握

- 実験的な研究からは1歳にならない乳幼児であっても集合の大小の区別をしていることが示されている(Lipton, et al., 2003). 3歳代の幼児であれば，それまでの生活体験から1から3程度の少数の集合についていくつあるか答えられることがある(Benoit, et al., 2004). これは即座の把握(サビタイジン

グ）と呼ばれ，数え上げること（計数：後述）でいくつあるかを把握すること
とは別の数の，知覚的理解と考えられている．

- しかしながら，幼児の大小比較は知覚的であることが多く，数ではなく見た
目にだまされ大小の判断を間違ってしまうことが知られている．

- たとえば同じ数の集合を2つ示すとして，片方をもう片方の集合よりも少し
要素間の間隔を広げ，見た目を大きな集合にする．すると同じ数にもかかわ
らず，子どもは広げられた集合のほうを大きい数であると判断してしまうこ
とがある（Piaget, et al., 1962）．

ピアジェ J，シェミンスカ A. 訳：遠山啓，銀林浩ら．数の発達心理学．国土社．1962.〈Piaget, J. and Szeminska, A. (1954). LA GENESE DU NOMBRE CHEZ L'ENFANT. Suiss：Neuchatel.〉

▶ 数唱と計数

- 数えることには，たとえば「いち」から「じゅう」まで唱えるといった口頭で数
詞を順番に言うこと（数唱）や，「いち」と「さん」の間には「に」が入るといった
数字の位置の理解が含められる．

- 数唱ができるからといって，必ずしも具体的な数量イメージが伴っていると
は限らない．特に大きな数の場合はそれが顕著である．具体物を数える行為
を通じて「いち」「に」といった数詞と，「○」「○○」といった数量イメージと
の対応が明確になっていく．

- 数詞（「いち」「に」「さん」）と数量イメージ（「○」「○○」「○○○」）の対応に加
えて，幼児期にはそれらとアラビア数字（「1」「2」「3」）の対応も形成されてい
くこととなる．アラビア数字を読むことができるようになるのは，ひらがな
読みの獲得と同時期かそれより少し早い（齋藤，1997）．

齋藤瑞恵．幼児における日本語表記体系の理解：読字数との関連．発達心理学研究．1997：8(3)．218-32.

ゲルマン R, ガリステル CR. 訳：小林芳郎，中島実．数の発達心理学ー子どもの数の理解．田研出版．1989．(Gelman R, Gallistel CR. The child's understanding of number. Harvard University Press. 1978.)

- いくつかの物(集合)について要素を数え上げること(計数)の成立に関しては，ゲルマンとガリステル(Gelman, Gallistel, 1989)が以下の条件を指摘している．すなわち，①一対一対応の原理(数詞と集合要素の対応が付いていること)，②順序安定性の原理(数詞の順序が一定であることの理解があること)，③基数の原理〈数え上げた最後の数(基数)が個数を表すこと〉である．これらに加え上記原理がさまざまなものに適用できること(抽象の原理)，数える順番はどこからでも計数結果に影響しないこと(順序無関係性の原理)といった原理の理解が計数行為の般化の背景に存在する．

▶ 計算や図形の理解

Huttenlocher J, Jordan NC, et al. A Mental Model for Early Arithmetic. Journal of Experimental Psychology, General. 1994 : 123(3). 284-96.

- 就学前の子どもであっても実物や，あるいはお話などを使って小さな数同士を足す／引くことができる(Huttenlocher, et al., 1994)．たとえば「タロウくんは3個のあめをもっています．もう1個もらったら何個になりますか？」といった，数詞を用いたお話形式の問いに答えることができる．
- 実際のシンボルをまぜて計数するという方略で低年齢の幼児は足し算を行うことができる．年齢があがってくると多いほうの基数(この場合3)に少ないほうの基数を加える形で，足し算を行うといったように方略が変化する．
- 丸・三角・四角といった図形の概念的特徴を知ることは，より複雑な形をとらえることや図形を用いた視空間性の推論能力(ジグソーパズルのようなものを想像すればよい)などに活用される．
- 図形の弁別に関して，丸や四角などの視覚的な特徴が明確な図形の理解が早く，そして三角や長方形といった相対的に概念的定義の難しい形の理解は後

からなされる．また線分が重なり合った図（たとえば三角と丸と長方形が重ねて書かれているもの）のなかから，それぞれを理解し見つける力なども幼児期を通じて高まっていく（Clements, et al., 1999）．

Clements DH, Swaminathan S, et al. Young children's concepts of shape. Journal for Research in Mathematics Education. 1999 : 30(2). 192 -212.

 ## 文字への関心や数量概念への関心を促す保育活動

- 読み書きの成立は聞く・話すといった話し言葉の力が下支えするものである．そのように，直接読み書きをすることがなくても多様な活動で子どもの読み書きに関する力を刺激することができる．

- 日頃からの文字への関心を高めるために，**「読むことができて嬉しい」「読むことができたら便利だ」という経験を子どもができるような活動の仕組みや保育環境を整えておくことが重要である**．たとえば子どもが生活でよく使うものや，掲示物などは文字とセットにしておく，あるいは自身の持ち物に名前を書いておくというだけでも子どもが字に触れ，大人とやりとりをする機会を増やすことができる．子どもが好きな絵本があるのであれば，絵本を通じて文字についてやりとりをしたり，あるいはまねして書いてみるのもよいだろう．

- 文字を直接用いなくとも，読みの獲得によく作用する心の働きを遊びのなかで刺激することはできる．たとえば「あ」「か」といった特定の文字から始まる言葉を集める，言葉集めのような遊びは，子どもが認識しやすい語の最初の音を使って，「あ」や「か」という特定の音への音韻意識を高めることや，語彙を増やすことにつながる．数字との組み合わせになるが，単語に含まれる音を数えることを通じて音韻意識を高めるというアプローチもできるであろう．

- 文字同様，実物の数の比較や計数もさまざまな活動に含まれている．たとえば，数え上げること（数唱）は歌や遊びのなかに含まれる場合も多い．または，数えること（計数）は配膳や配分といった活動中に出てくることもある．「ひとつとって」「みっつとって」など集合の中から数えて渡すという行為は，実物を使った計算行為（引き算）であったりする．

- 図形に関する活動の最たるものは工作や描画であろう．実際に紙を切り形を作ることや，それらを組み合わせてどんな形になるか体験することは，子どもの図形の概念理解を深め，視空間性の推論や形の知覚に関する心の働きを刺激する．また積み木やブロックは立体物であるが，実物を使って組み合わせたり，単純に積んだりするだけでも立体の特徴をつかむことにもつながる．

[Note]

数と指

　手指をうまく使えることは数に関わる発達によく作用することが知られている（本邦の研究であればたとえば浅川，杉村，2009）．大人であれば数えるときに一つひとつ指差しをしてみたり，指を折りたたんで数えてみたりということはあまりないかもしれない．しかし数に関する力が育ち始めたばかりの子どもであれば，それらの行為がかなりの助けになることは容易に想像できよう．

　数え上げることを理解するにしても，指を数字にあわせて「いち，に」と折りたたんで行き，折りたたんだ最後の数が基数となることがわかる．指を折りたたんで数えると覚えることの助けになる．途中まで数えて忘れてしまうことや，あるいは簡単な足し算を行う際などにも足されるほうの数を忘れてしまうことを防ぐことができる．

　学術研究の領域ではどんなことが検討されているのだろうか．

　幼児や小学1年生の指の認識能力（指を見えないようにして，別の人が指を触ったときに何指かわかること）の高さは，その後の算数能力を予測することが示されている（Noël, 2005）．また，指の認識能力を高めるような教育的介入を行うことで，その後の計算がうまくいくことも示されている（Gracia-Bafalluy, Noël, 2008）．

　このような指の認識と数に関するスキルの関係の高さから，指の感覚に関わる神経基盤と数の認識や操作に関わる神経基盤には共通領域があるのではないかと考えられてきた．そして磁気共鳴画像（MRI）装置を用いた脳イメージング研究からは数に関する脳領域と指について認識する脳領域に関して，その関係が検討されている．

　大人を対象とした研究ではあるが，Andres, et al.(2012)が簡単な計算課題および指認識課題中の脳活動を計測し，双方の共通領域を示している．すなわち左右両半球の頭頂間溝や上頭頂小葉の後部といった頭頂葉に含まれる領域である．この通り数と指との関係については，脳のレベルでも共通基盤がある（関係が深い）ことがわかっている．

• 繰り返しになるが，文字や数に関する活動や環境というのは実はありふれたものである．**子どもが自然に読んでみる／書いてみる／数えてみることができる環境を構成し，保育者は子どもの様子を見極めながら段階に応じた必要な手助けやヒントを出す**ことで子どもが力を発揮できる機会が増えることが願われる．

話し合ってみよう

あやふやな言葉，難しい言葉

　新しく覚えた言葉は，使ってみたいものです．一方で，大人であっても使い始めは微妙に間違って言ってしまったり「いや，そういうふうには使わない」と人から直されることがあると思います．まして子どもの場合は，微妙な間違いがたくさん出てきてしまうことがあります．

　言い間違いや使い方の間違いを指摘することは，ともすると相手を嫌な気持ちにさせてしまいます．一方で誰かが指摘をしないと間違ったものが定着してしまう危険性もあります．

Discussion Point

▶ あなたは使い方を間違ってしまっていた言葉はありますか？ なぜ気づきましたか？

▶ 子どもの言葉の選択が間違っていたとき，保育者はどのように対応するか？

▶ 話し言葉での使い方の間違いだけなく，読み間違いや書き間違い，あるいは数え間違いはどうだろうか？

▶ 一貫した言い間違いは，どういった可能性が考えられるだろうか？

▶ 大人はどのような雰囲気で，どのような場面で，どのように伝えるのがよいだろうか？

いくつか考えてみましょう．

◉ 文献

- Benoit L, Lehalle H, et al. Do young children acquire number words through subitizing or counting? Cognitive Development. 2004：19(3). 291-307. https://doi.org/10.1016/j.cogdev. 2004.03.005
- Clements DH, Swaminathan S, et al. Young children's concepts of shape. Journal for Research in Mathematics Education. 1999：30(2). 192-212. https://doi.org/10.2307/749610
- Ferreiro E. The interplay between information and assimilation in beginning literacy. Teale WH, Sulzby E.(Eds.). Emergent Literacy：Writing and Reading. Ablex Publishing. 1986. p.15-49.
- Frith, U. Beneath the surface of developmental dyslexia. Surface Dyslexia：Neuropsychological and Cognitive Studies of Phonological Reading. EHbaum. 1985. 301-30. https://doi.org/10.4324/9781315108346
- ゲルマン R, ガリステル CR. 訳：小林芳郎, 中島実. 数の発達心理学―子どもの数の理解. 田研出版. 1989. (Gelman R, Gallistel CR. The child's understanding of number. Harvard University Press. 1978.)
- Huttenlocher J, Jordan NC, et al. A Mental Model for Early Arithmetic. Journal of Experimental Psychology, General. 1994：123(3). 284-96. https://doi.org/10.1037/0096-3445.123.3.284
- 今井靖親. 幼児における文字意識の発達. 奈良教育大学教育研究所紀要. 1982：18. 109-16.
- 川﨑聡大. ディスレクシア. 編集：日本児童研究所. 児童心理学の進歩 2017年版. 金子書房. 2017. p.157-81.
- Lipton JS, Spelke ES. Origins of number sense：Large-number discrimination in human infants. Psychological Science. 2003：14(5). 396-401. https://doi.org/10.1111/1467-9280.01453
- 太田静佳, 宇野彰. 幼稚園年長児におけるひらがな読み書きの習熟度. 音声言語医学. 2018：59(1). 9-15. https://doi.org/10.5112/jjlp.59.9
- 小澤敦夫, 野村幸正. 幼児の漢字と仮名の読みに及ぼす弁別および解読過程の効果. 教育心理学研究. 1981：29(3). 199-206.
- ピアジェ J, シェミンスカ A. 訳：遠山啓, 銀林浩ら. 数の発達心理学. 国土社. 1962. (Piaget J, Szeminska A. LA GENESE DU NOMBRE CHEZ L'ENFANT. Suiss：Neuchatel. 1954.)
- Raghubar KP, Barnes MA. Early numeracy skills in preschool-aged children：a review of neurocognitive findings and implications for assessment and intervention. Clinical Neuropsychologist. 2017：31(2). 329-51. https://doi.org/10.1080/13854046.2016.1259387
- 齋藤瑞恵. 幼児における日本語表記体系の理解：読字数との関連. 発達心理学研究. 1997：8(3). 218-32.
- Sénéchal M, LeFevre JA, et al. On refining theoretical models of emergent literacy the role of empirical evidence. Journal of School Psychology. 2001：39(5). 439-60. https://doi.org/10.1016/S0022-4405(01)00081-4
- Storch SA, Whitehurst GJ. Oral language and code-related precursors to reading：evidence from a longitudinal structural model. Developmental Psychology. 2002：38(6). 934-47. https://doi.org/10.1037/0012-1649.38.6.934
- 高橋登. 幼児のことば遊びの発達："しりとり"を可能にする条件の分析. 発達心理学研究. 1997：8(1). 42-52.
- Teale WH, Sulzby E. Introduction：emergent literacy as a perspective for examining how young children become writers and readers. Teale WH, Sulzby E.(Eds.). Emergent Literacy：Writing and Reading. Ablex Publishing. 1986. p.VII-XXV.
- 横山真貴子, 秋田喜代美ら. 幼児はどんな手紙を書いているのか？：幼稚園で書かれた手紙の分析. 発達心理学研究. 1998：9(2). 95-107.

◉ 学びを深めるための参考図書

- サスキンド D. 訳：掛札逸美, 高山静子. 3000万語の格差：赤ちゃんの脳をつくる, 親と保育者の話しかけ. 明石書店. 2018.
- シェイウィッツ S. 訳：藤田あきよ. 医学監修：加藤醇子. 読み書き障害(ディスレクシア)のすべて. PHP研究所. 2006.

◉ Note の文献

- Andres M, Michaux N, et al. Common substrate for mental arithmetic and finger representation in the parietal cortex. Neuroimage. 2012：62(3). 1520-8. https://doi.org/10.1016/j.neuroimage.2012. 05.047
- 浅川淳司, 杉村伸一郎. 幼児における手指の巧緻性と計算能力の関係. 発達心理学研究. 2009：20

（3）．243-50.

• Gracia-Bafalluy M, Noël MP. Does finger training increase young children's numerical performance? Cortex. 2008：44（4）．368-75. https://doi.org/10. 1016/j.cortex.2007. 08. 020

• Noël MP. Finger gnosia：A predictor of numerical abilities in children? Child Neuropsychology. 2005：11（5）．413-30. https://doi.org/10.1080/09297040590951550

11

言葉による伝え合い―言葉の発達

学習のポイント

1. 乳幼児期の言葉の発達の過程について理解できる.
2. コミュニケーションという観点から言葉について理解することができる.
3. 言葉を育む保育のあり方について理解できる.

1 言葉の機能

横山真貴子. 認知の発達③言葉と文字. 編集：杉村伸一郎, 山名裕子『保育の心理学』中央法規. 2019. p.121-32.

- 言葉には大きく3つの機能がある（横山, 2019）. 一つは**コミュニケーションの手段**としての機能である. 言葉を介したコミュニケーションである言語的コミュニケーション以外にも, 身振りや表情, 姿勢など言葉以外のものを用いた非言語的コミュニケーションがあるが, 自身の意図や感情を詳細な形で他者に伝え, 経験したことを他者と共有するうえで, 言葉の果たす役割は大きい.

- 第二に**思考の手段**としての側面である. われわれは何かについて考える際, 心の中で言葉を発しているはずである. たとえば, 解決が難しい問題に取り組んでいる場合,「このようにしたら問題は解決できるだろうか？」「いや, このやり方ではうまくいかないようだ」というように, 心の中で一人の自分がもう一人の自分に問いかけ, 応答するといったやりとりを重ねていくなかで, 思考は整理され精緻化されていく.

- そして**自己の行動を調整する手段**としての言葉である. 遊び場面で, 子どもが「いっせーのーで！」や「えい！」と大きな掛け声を出しながら, 滑り台やジャングルジムなどの高い場所から飛び降りる様子がよくみられる. これは単なる掛け声にとどまらず, 飛び降りるためのタイミングを合わせたり, あるいは勇気をもって飛び降りることを自己に促すなど, 自身に言葉かけをすることによって自らの行動を調整しているのである.

② 言葉の獲得過程

- 言葉を使いこなせるようになることは，人間が社会生活を円滑に送るうえでの前提の一つであり，当然のことだと考えられている．したがって，自身が生まれてからこれまで，言葉をどのようにして身につけてきたのか振り返る機会はほとんどなかったかもしれない．以下，人間が成長の過程でどのようにして言葉を獲得し，それらを人と人とのコミュニケーションのなかで，適切かつ柔軟に運用していくことがいかに可能になっていくのか理解を深める．

▶ 前言語期

- 子どもが言葉を発するようになる前の，およそ生後1年間の期間を**前言語期**と呼ぶ．この時期，乳児は特定の意味を伴わない音声を多様な形で発する．ただし，意味を伴わない音声であっても，前言語的な手段を通した他者とのコミュニケーションは活発に行われている．むしろ，**前言語期は言葉を柔軟に操作できるようになるための基礎を確立する準備期間である**．

  前言語期：
  prelinguistic period

- 生後数週間は，新生児に特徴的な声道の構造や形態のために，はっきりとした発声ができない．たとえば，空腹や痛みなどの不快によって引き起こされる**叫喚**(cry)や，咳やくしゃみ，げっぷなどに伴う反射的な発声が多くみられる．

- 生後6～8週間になると，叫喚ではなく，「アー」「ウー」のように落ち着いた，柔らかな発声が現れてくる．このような発声を**クーイング**(cooing)という．

- そして，生後4か月頃には「アーアーアー」「ウーウーウー」のように母音のみの発声である**過渡的喃語**が現れ，生後6，7か月頃になると「バ・バ・バ」「ダ・ダ・ダ」といった，子音と母音の組み合わせからなる**基準喃語**がみられるようになる．

  基準喃語：canonical babbling

- さらに，11か月頃には「ア・バ」「バ・ダ」のように，異なる子音と母音を組み合わせた**非重複喃語**が現れる．非重複喃語による発声は，何かを指し示すような，意味を伴っていないものであると考えられているが あたかも言葉を誰かに向けて話していたり，独り言を言っているように聞こえることもある．このような発声を**ジャーゴン**(jargon)と呼ぶ．

  非重複喃語：
  variegated babbling

表1 | Web日誌法から特定した初期出現語

順位	発話語	月齢	順位	発話語	月齢
1	まんま	13.6	11	ねんね（寝る）	17.2
2	いないいないばぁ	15.6	12	くっく（靴）	17.7
3	パパ	15.8	13	ニャンニャン（猫）	17.8
4	ママ	16.0	14	アンパンマン	18.1
5	はい	16.1	15	お父さん	18.2
6	ワンワン（犬）	16.3	16	お母さん	18.2
7	ないない（片付ける）	16.5	17	パン	18.3
8	バイバイ	16.5	18	たっち（立つ）	18.3
9	おっぱい	16.8	19	ある	18.4
10	よいしょ	16.8	20	どうぞ	18.4

〔参考：小林哲生，永田昌明．日本語学習児の初期語彙発達．情報処理．2017：53（3）．229-35.〕

▶ 初語の発生

初語：first word

- 1歳の誕生日を迎える頃になると，特定の対象や事象を示すために使用される言葉，すなわち意味を伴った言葉が初めて出現するが，これを初語という．初語の出現時期は個人差が大きく，平成22年度乳幼児身体発育調査によると，早ければ生後7〜8か月未満からみられ始め，1歳前後で半数以上の子どもたちが何らかの意味のある語を発し，1年6〜7か月になると9割以上に達する(厚生労働省，2011)．

厚生労働省．平成22年度乳幼児身体発育調査．2011.

- 表1に示されているように，語彙獲得の初期の段階で出現する語は，子どもの身近にあるものや直接触れることができるものが多く，特に名詞の占める割合が大きいことが，さまざまな言語圏の子どもを対象とした研究で見出されている．

▶ 一語文期とボキャブラリースパート

- 初語を発した後，しばらくの間はゆっくりと語彙の獲得が進んでいく．そしてこの時期は一つの語によって他者にさまざまな意図を伝えようとするので一語文期と呼ぶ．

- たとえば，「ママ」という単語一つとってみても，キョロキョロと周囲を見回しながら「ママ」と発話する場合は「ママはどこにいるの？」という意図を，玩具を指差しながら「ママ」と発話した場合は「ママ，これを見て」という意図を伝えようとしていることが推測できる．つまり，その単語が発せられた状況

図1 │ **獲得した語彙数**

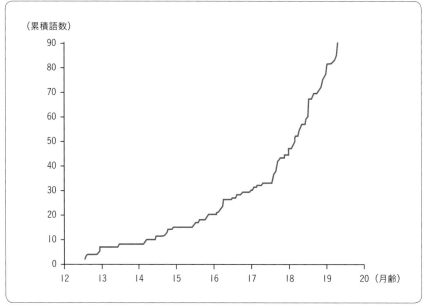

（累積語数）

〔Ganger J and Brent MR. Reexamining the Vocabulary Spurt. Developmental Psychology. 2004 : 40（4）. 621-32.〕

や文脈によって，子どもが何を伝えようとしているのか異なる.

- そして，1歳半ばを過ぎた頃から語彙を獲得するペースが加速し始める（図1）.このように，ある時期から語彙が急速に増加する現象を**ボキャブラリースパート（語彙爆発）**と呼ぶ.

▶ 二語文期以降の言葉の発達

- 2歳前後になると，2つの単語を組み合わせて発話する**二語文期**に入っていく.子どもたちが発する二語文には，たとえば「まんま，たべる」や「ママ，いない」のように，日本語でいう「が」「の」「を」「に」などの格助詞が省略されるといった特徴があり，文字数や文章表現が圧縮された電報のような文体であるため，**電文体発話**と呼ぶこともある.

- そして2歳から3歳にかけては，3つ以上の単語を組み合わせ，母語の正確な発音や文法規則に従った発話が可能になり（**多語文発話**），4歳頃には，話し言葉によるコミュニケーションにおいて，大人と遜色ないやりとりができるようになる.

電文体発話 : telegraph speech

▶ 文字の獲得

国立国語研究所『幼児の読み書き能力』東京書籍. 1972

- 乳幼児期の子どもの育ちに関して，保護者が抱える悩みの一つに言葉の発達があげられることが多い．乳児期から幼児期の初めにかけては，話し言葉の遅れについての悩みが多いが，就学期に近づくにつれて，書き言葉（文字）の習得に関する不安や悩みが増えてくる．これまでみてきたように話し言葉の発達はかなり早い段階から始まる．それに対して**文字の読み書き能力は，話し言葉よりも遅れて発達していく**．

- 国立国語研究所(1972)は，1967年に幼稚園に在籍する2217名の子どもたち(4歳児と5歳児)を対象にして，ひらがな71字(清音・撥音46文字，濁音・半濁音25文字)のうち何文字読み書きができるか大規模調査を行った．その結果，ひらがなの読みに関しては，5歳児クラスでは63.9%の子どもたちが60字以上読めていることが明らかになり，1文字も読めない子どもは1.1%とごく少数であった．また，読める文字数が多い子どもは，特殊音節(拗音・長音・拗長音・促音・助詞「は」「へ」)の読み能力も形成されていた．

島村直己, 三神廣子. 幼児のひらがなの習得─国立国語研究所の1967年の調査との比較を通して. 教育心理学研究. 1994；42(1). 70-6.

松本博雄. なぜ子どもは読み書きできるようになるのか？─読み書き習得からみえるもの. 編集：都筑学『やさしい発達心理学─乳児から青年までの発達プロセス』ナカニシヤ出版. 2008.

- そして島村と三神(1994)が，1988年に1202名の子どもたち(3歳児から5歳児)を対象に，ひらがな71字の読み書き能力に関する同様の調査と分析を行い，1967年の国立国語研究所による調査と比較して，読み書きができるひらがなの数が増えていることが明らかになった．この点について，子どもを取り巻く文字環境(例：家庭や園にある絵本，看板や掲示物の文字)の充実，園や家庭における意図的な文字指導(例：ドリルなどの教材の使用，幼児教室の利用)の影響など，さまざまな議論がなされているが，明確な理由はわかっていない(松本，2008)．

福島朋子. 子どもはいつから文字を読めるの？. 沼山博, 三浦主博 編著『子どもとかかわる人のための心理学：保育の心理学，子ども家庭支援の心理学，子どもの理解と援助への扉』萌文書林. 2019. p.97-9.

- ところで，図2に示されているように，特に4歳児クラスの場合，ひらがなの読みに関しては，相当数読める子ども(60～71字)と，あまり読めない子ども(0～14字)に二極化しており，「ほどほどに」読むことができる子どもの割合は少ない．このことから，**読み能力の獲得は徐々に進んでいくというよりも，ある時点から急激に進むことがうかがえる**(福島，2019)．

▶ 鏡映文字

- 文字を書き始めると，話し言葉と同様に，子どもは他者とのコミュニケーションの手段として文字を使うことを意識するようになり，文字によるメッセージのやりとりを楽しむ遊びが増えてくる．たとえば，保育の場において，仲の良い友達との「お手紙ごっこ」は子どもたちの間でよくみられる遊びである．しかしながら，文字の獲得初期にある子どもたちが書く文字は正確に表

図2 | ひらがなの読字数

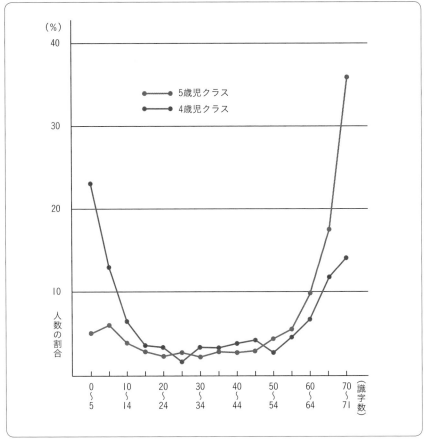

(国立国語研究所『幼児の読み書き能力』東京書籍. 1972. p.75)

図3 | 鏡映文字

記されていないことが多い.

- たとえば,幼児期の子どもは,鏡映文字と呼ばれる,あたかも鏡に写ったかのような左右が逆になった文字を書くことがある(図3).文字を正確に認識するためには,文字の上下・左右の位置関係を把握することが求められる.この認識が不十分であり,目と手の協応がうまくできていないために,鏡映

内田伸子. 物語ることから文字作文へ―読み書き能力の発達と文字作文の成立過程. 読書科学. 1989：33(1). 10-24.

文字のような書字が行われると考えられる．鏡映文字は5歳後半頃までの男児に多くみられるが(内田，1989)，就学期以降は徐々に修正され，正確な文字表記ができるようになる．

③ コミュニケーションの発達

▶ マザリーズとリッチ・インタープリテーション

- 養育者が赤ちゃんを抱き上げてあやしながら，短い文を何度も繰り返し，高い声で，ゆっくりと大きな抑揚をつけて語りかける場面を見たことはないだろうか．このような特徴をもった，子どもに対する大人の語りかけ方を**マザリーズ(母親語)**と呼ぶ．マザリーズによって注意を引きつけられた赤ちゃんは，クーイングや喃語を発したり，手足を動かすなどの反応を示すことがあるが，それに対して養育者はマザリーズによって，さらなる語りかけを続けていく．このような前言語的なコミュニケーションのなかで，子どもと養育者の間に愛着に基づいた信頼関係が形成されていき，それらは言語発達の基盤ともなる．

- また，子どもの「ワンワン」という発話を受け取り，養育者がそれに対して「ワンワン，しっぽ振ってるね．うれしいのかな」「ワンワン，歩いているね．かわいいね」と返すように，**リッチ・インタープリテーション**と呼ばれる，子どもの短い発話を「豊かに解釈」してフィードバックしていくような応答がみられることがある．このような養育者の解釈は，必ずしも子どもの本来の意図に沿った正確なものであるとは限らないが，一語文期にある子どもの，言葉による伝え合いに対する意欲や動機を高めるとともに，言葉による適切な表現の方法について学ぶきっかけにもなりうる．

▶ 指さしと言葉の発達の関係性

- 言葉の発達に先立って，指さし行為が発達していく．指さしには，誰かに向けて特定の対象を指し示すとともに，その対象を誰かと共有しようとする働きがある．しかしながら，子どもは最初から指さしが果たす機能について理解できているわけではない．

別府哲. 自閉症児におけるジョイントアテンション行動としての指さし理解の発達：健常乳幼児との比較を通して. 発達心理学研究. 1996：7(2). 128-37.

- 別所(1996)の研究によると，子どもの後方に向けて指さしをした場合，生後5か月から8か月にかけての子どもの大部分は，指さしに対して無反応，あるいは指さしをした方向を見るのではなく，指そのものを見ようとする．1

図4 | 三項関係と指さし

歳を過ぎる頃から，指さしをした方向を見るために，後方を振り返る行為が増え始め，1歳半ばには大多数の子どもたちが指さしの意味を理解できるようになる．

- 対象を指し示して，他者と経験を共有しようとする指さしの働きは，意味を帯びた特定の言葉を使うことによって，他者と世界を共有する言葉の働きとも重なり合う．すなわち，言葉を獲得することによって，子どもは一対一で養育者と関わり合うだけではなく（**二項関係**），言葉が指し示している対象を仲立ちにしたやりとりが可能になる．「子ども－対象－養育者」のように，子どもと養育者との間で対象を共有するような三者の関係性を**三項関係**と呼ぶ．

- たとえば，養育者と一緒に散歩していた子どもが，走っている自動車を見て「ブーブー」と言いながら自動車を指差し，養育者の注意をそこに向けさせ，そして養育者が「はいはい，ブーブーね」と応じる（図4）．このような三項的なやりとりを積み重ねることによって，言葉には，何かを指し示し，他者と対象や経験を共有する機能があることを子どもは徐々に理解していく．

▶ 語用論

- 単に語彙の数が増加したり，正確な発音や文法規則を習得するだけでは，実際のコミュニケーション場面で，言葉を適切かつ柔軟に使用できるようにな

統語とは，文法の一部であり，語彙を配列して相互の関係をつくっていく規則のことをいう（須河内，2010）。

Shatz M, Gelman R. The development of communication skills : Modification in the speech of young children as a function of listener. Monographs of the Society for Research in Child Development.1973:38(5, Serial No.152). 1-37.

るわけではない．言葉の形態的・統語的な知識とともに，子どもは，会話が行われる状況に応じた，ふさわしい言葉の使い方に関する知識，すなわち**言葉の語用論**（pragmatics）を具体的な生活場面を通じて学んでいく必要がある．

- シャッツとゲルマン（Shatz, Gelman, 1973）は，4歳児が他者とやりとりする場面を分析したところ，2歳児と会話するときは，自分と同じ年齢の子どもたちや大人に向けて話すときよりも，一文が短く複雑ではない，注意を引きつけるような話し方をしていることを明らかにした．つまり，4歳の子どもであっても，同じ年齢の子どもたちや大人に対して話すようなやり方では，2歳児の子どもには理解が難しいのだというように，やりとりする相手の言語能力を意識しながら会話を行っている．

▶ コミュニケーションの手段としての言葉と思考の手段としての言葉の関係性

中心化
➡ 第3章8　p.105参照

- ピアジェは幼児の集団遊び場面から，ほかの子どもたちとやりとりをせずに，それぞれが独り言を発している様子を見出し，これらは中心化（または自己中心性）という幼児期の思考の特徴に基づいて子どもたちが言葉を使用していることの反映であると説明した．そしてこの自己中心的言語の段階から，徐々に他者とのコミュニケーションを目的とした言葉（社会的言語）の段階へと移行していくと指摘する．

ヴィゴツキー LS. 訳：柴田義松『思考と言語（新訳版）』新読書社，2001.

- それに対してヴィゴツキーは，子どもが発する独り言は，決して自己中心的な思考を反映しているのではなく，今考えていることが言葉として外部に表出されたものであると論じた（Vygotsky, 2001）．たとえば，難しい課題に取り組む際，「こうかな？」「ダメかな？」というように子どもはしばしば独り言を発する．これはまさに思考に伴い，自身へと語りかけているのである．ちなみにヴィゴツキーはピアジェとは異なり，初めに言葉は他者とのコミュニケーションの手段として用いられ（外言），次第に思考の手段としても用いられる（内言）ようになっていくと考えた．この方向性に従うと，独り言は外言から内言へと移行する際にみられる過渡的な形態，すなわち不完全な内言としてとらえることができる．

なお，独り言は，内言による思考が十分に機能するようになる就学期以降はほとんどみられなくなる．

▶ 一次的ことばと二次的ことば

岡本夏木『ことばと発達』岩波書店，1985. p.52.

- 岡本（1985）は，乳幼児期の言葉のあり方と就学期以降の言葉のあり方は質的に異なることを指摘し，それぞれ「一次的ことば」と「二次的ことば」に分けて

表2｜一次的ことばと二次的ことばの特徴

コミュニケーションの形態	一次的ことば	二次的ことば
状況	具体的現実場面	現実を離れた場面
成立の文脈	ことばプラス状況文脈	ことばの文脈
対象	少数の親しい特定者	不特定の一般者
展開	会話式の相互交渉	一方的自己設計
媒体	話しことば	話しことば・書きことば

論じている(表2).

- **一次的ことばとは, 特定の親しい他者との一対一の会話場面で, そしてその場面と具体的に結びついたテーマについてやりとりする際に用いられる話し言葉をさす.**

- たとえば, 子どもが笑顔で犬に指さしをしながら, 側にいる父親に「かわいいね」と言うとする. その具体的状況を子どもとその場で共有している父親は,「あそこに座っている犬はとてもかわいいね」と詳細に説明されなくても,「かわいいね」という一言だけで, 子どもの意図を十分に理解することができる.

- それに対して**二次的ことばは, 特定の親しい他者だけではなく, 不特定多数の「誰にでも」通じるように伝えることを目的とした言葉である.** そこには, 対面的な話し言葉だけではなく, 教科書の文章や作文のような書き言葉も含まれる.

- たとえば, 小学校の授業で教師が, 教科書に記述されている知識を, クラスにいる児童の誰もがわかるように説明するときに用いられるのが二次的ことばである. あるいは,「将来どのような仕事に就きたいか」というテーマで作文を書く場合, 想定する読み手の誰もが理解できるような形で, すなわち言葉だけで自分の伝えたいことを説明しなければならない.

- 家庭や保育の場など, 主に一次的ことばの世界で生活してきた子どもが小学校に入学すると, 教科書の内容に基づいた一斉授業という二次的ことばの世界に出会うことによって, 大きな戸惑いを感じる(岡本, 1985). そのような戸惑いをできるだけ少なくし, 教科カリキュラムに基づく自覚的な学びへとスムーズに接続していくために, 近年では, 遊びや環境を通した主体的な学びという幼児期の経験を活かしながら, 生活科を中心にしたスタートカリキュラムが, 小学校入学当初の一定期間導入されるようになってきている.

- たとえば, 国立教育政策研究所が紹介しているスタート・カリキュラムの実践例では, 学校探検(「がっこうだいすき　なかよしいっぱい」)と称して, 子

二次的ことばが獲得された後, 一次的ことばの発達が終了してしまうわけではない. 二次的ことばを柔軟に使いこなせるようになるにつれて, それまでに獲得してきた一次的ことばそのものも変化していく. つまり, 一次的ことばと二次的ことばは相互に影響を与え合い, 相互に変化していく.

岡本夏木『子どもとことば』岩波書店, 1982.

どもたちが数人のグループに分かれて，ほかの学年の教室，校長室，職員室，音楽室，給食室など，実際に学校内の施設・設備を調べて回り，探検のなかで発見したことや驚いたことを，教室に戻ってきてからクラスメートに発表する事例が示されている（国立教育政策研究所，2012）．ほかのクラスメートに学校探検で気づいたことを発表して共有することは，まさに二次的ことばによる活動である．この段階では，二次的ことばの使用を拡げていくための教師の援助や働きかけが必要なことがまだまだ多いが，このような経験を積み重ねていくことによって，二次的ことばに基づいた自覚的な学びが可能になっていく．

国立教育政策研究所教育課程研究センター『スタートカリキュラム スタートブック』文部科学省．2012.

 4　絵本の読み聞かせ

- 乳幼児期の子どもたちは，さまざまな人や物，あるいは場所や機会を通して言葉に触れていく．そのなかでも絵本は，話し言葉と書き言葉の両面において，言葉に対する理解を深めていくきっかけとなるメディア（媒体）である．

- 保育所保育指針の領域「言葉」のねらいには「絵本や物語等に親しむとともに，言葉のやり取りを通じて身近な人と気持ちを通わせる」（厚生労働省，2017）と示されており，単に言葉を身につけるというよりも，絵本を読む，あるいは読み聞かせをするという行為を通じて，子ども同士，あるいは子どもと保育者との間のコミュニケーションを深めていくことの意義が強調されている（會澤ら，2019）．

厚生労働省『保育所保育指針』2017.

- 絵本の読み聞かせの場合，読み手である保育者の話に対して，聞き手である子どもたちが行儀良く，静かに耳を傾けているとは限らない．たとえば，保育者が発する「どーん」「どっかん，どっかん」などの擬音に合わせて復唱したり，絵本のなかの登場人物や絵の描写に対する感想や解釈を投げかけてくることもあるだろう．あるいは，表面的には一言も発せず静かに聞いているように見えても，保育者が語る物語の世界に没入し，内面では活発にイメージを膨らませている子どももいるにちがいない．

會澤のはら，片山美香ら．幼児を対象とした集団における絵本の読み聞かせに関する研究動向．岡山大学教師教育開発センター紀要．2019：9.215-28.

- また，絵本の読み聞かせが行われる場は，空想の世界と「いまここ」の現実世界という二重の世界から成立している．空想の世界は現実の世界とは全く無関係ではない．むしろ現実の世界に支えられながら成立している．図5に示したように，言葉を通して拡がる空想の世界が，家庭や園における日々の生活や体験とつながることによって，子どもたちは両者の間を自由に行き来し，さらにはその個人的体験を言葉にし，保育者やほかの子どもたちと一体

図5 | 絵本の読み聞かせにおける2つの世界の共有

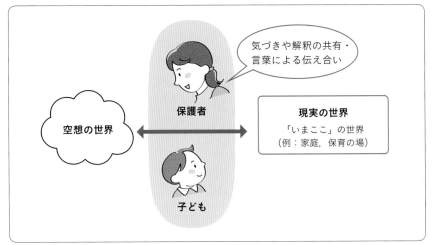

感をもって共有することが可能になる（横山，水野，2008）.

- したがって，**絵本の読み聞かせは，「聞き手－読み手」という一方的・固定的な関係ではなく，聞き手である保育者と読み手である子どもたちとの間で，物語に対する一人ひとりの気づきや解釈が共有されるような，双方向的なやりとりを伴った行為である**（並木，2012）.このように，「幼児期の終わりまでに育ってほしい姿」における「言葉による伝え合い」の姿を絵本の読み聞かせのなかに見出すことができる.

横山真貴子，水野千具沙．保育における集団に対する絵本の読み聞かせの意義─5歳児クラスの読み聞かせ場面の観察から．教育実践総合センター研究紀要．2008：17. 41-51.

並木真理子，幼稚園における絵本の読み聞かせの構成および保育者の動作・発話が幼児の発話に及ぼす影響．保育学研究．2012：50(2). 165-79.

 豊かな言葉を育む保育のあり方

- 系統的な教科カリキュラムによる小学校以降の学校教育とは異なり，幼児期の教育は子ども一人ひとりの主体的な活動に基づき，環境を通して行われるものである．言葉についても同様であり，決して特定のスキルや知識を一方的に教え込むのではなく，あくまでも日々の生活のなかで，**幼児が自然な形で言葉に触れる機会を設け，さらには主体的かつ自発的に言葉に対する興味関心を高めていくような環境構成が重要である**

- たとえば，絵本，黒板やホワイトボード，掲示物，仲の良い友達の名前などを通してひらがなに触れ，それを「お手紙ごっこ」などの遊びで用いようとしたり，今の自分の気持ちを保育者やほかの子どもたちと共有したいために，「話す」ことへの意欲を高めたりする.

- これまで見てきたように，幼児期の子どもたちは言葉を使う力を急速に発達

させていく．とりわけ年長児にもなると，子どもたちの間でいざこざや葛藤が生じた場合，言葉によって自分の思いを主張するとともに，ほかの子どもの言い分に耳を傾けたりするなど，話し合いによって解決できるようになる．ただし，幼児期においてその力は十分ではなく，自分の思いを言葉ではうまく表現できずに衝突が起きてしまうこともある．したがって，子どもたちの間で「言葉による伝え合い」が成立するためには，一人ひとりの子どもをていねいに言葉でつないでいくような保育者の援助が必要となることがあ

話し合ってみよう

絵本の読み聞かせについて

　絵本は，長い間受け継がれてきた文化財であるとともに，保育の場においては，読み聞かせによって子どもたち同士，あるいは保育者と子どもとの間を言葉でつなぎ，物語や絵を通じて一体感を味わうことを可能にするメディア（媒体）です．

　ここでは，自分が選んだ絵本を一冊ずつ持ち寄り，なぜ選んだのかその理由を話したうえで，実際お互いに読み聞かせを行ってみましょう．そのうえで，子どもたちの言葉に対する興味や関心を育み，言葉を使うことへの意欲を高めるような絵本の読み聞かせのあり方について話し合ってみましょう．

Discussion Point

▸絵本の読み聞かせは子どもの言葉の発達にとってどのような意義があるのか？

▸子どもの発達段階や生活経験，興味・関心に沿った絵本の選び方は？

▸子どもたちが絵本に集中できるような雰囲気を作るためにはどうしたらよいか？

る．具体的には，言葉では表現しきれない子どもの思いや感情を，「○○ちゃん，おもちゃを取られたから叩いたのかな？」と代弁したり，あるいは「こんなときにはどうしたらいいのかな？」と自身の力で考えるよう促すなど，大人の側から一方的に解釈や解決策を押し付けるのではなく，保育者が子どもと一緒になって考えていくような言葉による働きかけが必要である（呂，2019）．このように，保育者を仲立ちとしながら，日々の生活や遊びのなかでのやりとりを通して，子どもたちの言葉の世界は広がりを見せ，豊かなものとなっていくのである．

呂小耘. 5歳児の主体的な解決を目指す援助のあり方―クラスの問題解決の話し合い場面に着目して. 保育学研究. 2019：57(1). 43-55.

◉ 文献
- 會澤のはら，片山美香ら．幼児を対象とした集団における絵本の読み聞かせに関する研究動向．岡山大学教師教育開発センター紀要．2019：9. 215-28.
- 別府哲．自閉症児におけるジョイントアテンション行動としての指さし理解の発達：健常乳幼児との比較を通して．発達心理学研究．1996：7(2). 128-37.
- 福島朋子．子どもはいつから文字を読めるの？．沼山博，三浦主博 編著『子どもとかかわる人のための心理学：保育の心理学，子ども家庭支援の心理学，子どもの理解と援助への扉』萌文書林．2019. p.97-9.
- 国立国語研究所『幼児の読み書き能力』東京書籍．1972.
- 国立教育政策研究所教育課程研究センター『スタートカリキュラム スタートブック』文部科学省．2012.
- 厚生労働省．平成22年度乳幼児身体発育調査．2012.
- 厚生労働省『保育所保育指針』2017.
- 松本博雄．なぜ子どもは読み書きできるようになるのか？―読み書き習得からみえるもの．編集：都筑学『やさしい発達心理学―乳児から青年までの発達プロセス』ナカニシヤ出版．2008. p.104-18.
- 並木真理子．幼稚園における絵本の読み聞かせの構成および保育者の動作・発話が幼児の発話に及ぼす影響．保育学研究．2012：50(2). 165-79.
- 岡本夏木『子どもとことば』岩波書店．1982.
- 呂小耘．5歳児の主体的な解決を目指す援助のあり方―クラスの問題解決の話し合い場面に着目して．保育学研究．2019：57(1). 43-55.
- Shatz M, Gelman R. The development of communication skills：Modification in the speech of young children as a function of listener. Monographs of the Society for Research in Child Development. 1973：38(5, Serial No.152). 1-37.
- 島村直己，三神廣子．幼児のひらがなの習得―国立国語研究所の1967年の調査との比較を通して．教育心理学研究．1994：42(1). 70-6.
- 須河内貢．子どもはどのように言葉を身につけていくか―言語発達の概観―．編集：成田徹男『保育内容 ことば 第2版』みらい．2010. p.11-30.
- 内田伸子．物語ることから文字作文へ―読み書き能力の発達と文字作文の成立過程．読書科学．1989：33(1). 10-24.
- ヴィゴツキー LS. 訳：柴田義松『思考と言語(新訳版)』新読書社．2001.
- 横山真貴子，水野千具沙．保育における集団に対する絵本の読み聞かせの意義―5歳児クラスの読み聞かせ場面の観察から．教育実践総合センター研究紀要．2008：17. 41-51.
- 横山真貴子．認知の発達③言葉と文字．編集：杉村伸一郎，山名裕子『保育の心理学』中央法規．2019. p.121-32.

◉ 学びを深めるための参考図書
- 伊藤崇『子どもの発達とことば』ひつじ書房．2018.
- 東京子ども図書館 編集『よみきかせのきほん―保育園・幼稚園・学校での実践ガイド』東京子ども図書館．2018.
- 東邦出版編集部 編集『大人に刺さる幼稚園・保育園児の名言』東邦出版．2016.

12

豊かな感性と表現—感性と創造性の発達

学習のポイント

1. 感性とは何か，また，感性はどのように発達していくのか理解できる．
2. 豊かな感性を育むための保育や保育者の関わり方について理解できる．

1 感性

- 友達の表情から感情を感じ取り痛みに共感できる子ども，赤く染まる楓に注意が惹きつけられ，見て感じたものを白いキャンバスに豊かに表現することができる子ども，言語のみならず，さまざまな方法で感じたものを表現する子どもを「感性豊かな子」とすることがある．

- 一般的に，「感性（sensibility）」とは，「①外界の刺激に応じて感覚・知覚を生ずる感覚器官の感受性．②感覚によってよび起こされ，それに支配される体験内容．従って，感覚に伴う感情や衝動・欲望をも含む．③理性・意志によって制御されるべき感覚的欲求．④思惟（悟性的認識）の素材となる感覚的認識」（広辞苑）のことをいう．

新村出編『広辞苑（第六版）』岩波書店．2008．（「感性」p.4484.）

- このことを踏まえ，**感性とは，外的刺激に対する感受性と，そこから感じた心の変化をさまざまな方法で表現したり判断・評価したりする心の活動をいう**．

- 色(視覚)や香り(嗅覚),音(聴覚)や柔らかさ(触覚)など,外界のさまざまな刺激を感受しているのが感覚器官で,感覚器官には,視覚,聴覚,味覚,嗅覚,触覚の五感がある.触覚は,皮膚感覚や内臓感覚,痛覚や温度感覚,運動感覚など体中に存在している感覚のため,**体性感覚**ともいわれる(工藤, 2019).

工藤佳久『もっとよくわかる! 脳神経科学』羊土社, 2019. p.46.

- 感覚器官で感受した刺激は,特定の脳領域で情報処理され,意味づけが行われる.この過程を知覚という.

- 妊娠初期の胎芽期から感覚器官は発生しており,胎児期前半は感覚器官を形成する重要な時期である.

- 出生後,感覚器官によって外界の刺激を感受しながら中枢神経系の基盤を形成させていく.新生児の無意識的な身体運動は,次第に意図をもった動きになり,多様な感覚機能を通して,自ら積極的に外界に働きかけながらこの世界を学んでいく.

原始反射
➡ 第1章2 p.19を参照

- この発達初期の感覚・知覚の初期経験は,豊かな感性の土台になるだけではなく,その後の経験とは質的に異なっているため,後のあらゆる発達に大きな影響を与える.

- 生後間もなくから感受する,ミルクの甘いにおい「嗅覚」,皮膚と皮膚が触れたときの温かさ「触覚」,穏やかな語りかけ「聴覚」,豊かな表情「視覚」など心地よい刺激を感受したり経験したりして蓄積していくことが,豊かな感性の形成につながっていく.

② 感性の発達

- 感性というと,想像力や豊かな感情をイメージすることが多いが,感性の発達は想像性や感情の発達とは関係ない.

- 感性は,外界や対象の感覚情報から,その性質や評価など総合的な判断を生み出す**認知特性**である(今井ら,1994).一人ひとりの認知構造は異なるた

今井四郎，須藤昇ら．感性についての認知心理学的考察．心理学評論．1994；37(1)．1-18．

今井四郎，須藤昇ら．感性，感性情報処理とその適応的意義．心理学評論．1995；38(3)．351-67．

川端秀明．第3章 感性認知．箱田裕司，都築誉史ら『認知心理学』有斐閣．2010．p.47．

三浦佳世『感性認知―アイステーシスの心理学』北大路書房．2016．

厚生労働省『保育所保育指針解説』2018.

- め，感性は個性とも関連している(今井ら，1995).

- 対象を知覚し理解するための情報処理と，対象から感じる感性的な情報処理は異なるプロセスを経ている可能性がある(川端，2010).

- 発達初期の感覚を通した豊かな刺激経験は，脳発達や知覚処理過程の発達にもつながっている．

- 感性は磨くこともできる(三浦，2016)．感性の土台を培うためにも，新生児期からの初期経験を大切にし，安心・安全で豊かな感覚経験を積み重ねてくことが大切である．

- 保育所や幼稚園においても，子どもの感性を育むことをねらいとして明記されている(厚生労働省，2017)．1歳以上3歳未満のねらいにある，「身体の諸感覚の経験を豊かに」するためには，衛生と安全を確保した環境のなかで，感覚による多様な経験が生まれるよう環境を構成していくことが保育者の役割である．

- 3歳以上では，「感じたことや考えたことを自分なりに表現する」経験が創造性にもつながっていく．子ども一人ひとりのさまざまな表現を尊重したり表現を認めたり，子どもの表現する機会を作っていくことが大切となる．

感性の発達に関わる感覚と知覚

　情報を処理する脳は，神経細胞(ニューロン)とグリアでできており，ニューロンの機能的ネットワークの働きによって，知覚，認知，感情，意識，運動，言語などが成立している．

　ニューロンの数は胎児期の9か月頃で最も多く，生後は，シナプスが過剰に生成され，1歳頃にはシナプスの密度はピークを迎える．生後のニューロンは，過剰なシナプス結合がみられ，まだ機能的なネットワークが形成されていない．そのため，刺激を受けた後の情報処理は混線しており，たとえば，色や形といった視覚刺激を感受したにもかかわらず，聴覚が賦活し音が知覚されたり，嗅覚で感じたミルクのにおいが痛覚を引き起こしたりする現象が生じることがある．この知覚は，共感覚知覚といわれ，脳神経の発達とともにみられなくなる．この現象は刈り込みと関連しており，生後2, 3か月頃になると，適度でさまざまな感覚刺激の経験を通して，役割の少ない不必要なシナプス結合は消滅し，必要なシナプス結合は役目を果たすため生き残っていく．この刈り込みによって，それぞれの感覚刺激を処理する脳領域が分化しつつも連携し合い，機能的なネットワークが脳内に形成されていく．

保育所保育指針における「感性と表現に関する領域『表現』」

第2章　保育の内容

2　1歳以上3歳未満児の保育に関わるねらい及び内容

(2)ねらい及び内容

オ　感性と表現に関する領域「表現」

> 感じたことや考えたことを自分なりに表現することを通して，豊かな感性や表現する力を養い，創造性を豊かにする．
>
> (ア)ねらい
> ①身体の諸感覚や経験を豊かにし，様々な感覚を味わう．
> ②感じたことや考えたことなどを自分なりに表現しようとする．
> ③生活や遊びの様々な体験を通して，イメージや感性が豊かになる．

3　3歳以上児の保育に関わるねらい及び内容

オ　感性と表現に関する領域「表現」

> 感じたことや考えたことを自分なりに表現することを通して，豊かな感性や表現する力を養い，創造性を豊かにする．
>
> (ア)ねらい
> ①いろいろなものの美しさなどに対する豊かな感性をもつ．
> ②感じたことや考えたことなどを自分なりに表現して楽しむ．
> ③生活の中でイメージを豊かにし，様々な表現を楽しむ．

(厚生労働省編『保育所保育指針解説』フレーベル館，2018．)

③ 創造性 (creativity)

- 想像性 (imagination) は，「現前しないものを，表象として，心の中に思い描くこと」(明神，2005) である．言語的・視覚的イメージを作り出すもので，想像は創造の源になる．想像性は「時間と空間を超えて思考することができる」もので，お母さんがキッチンで料理をしてごはんを作る姿を想像して遊ぶ想像遊びが顕著にみられるのがごっこ遊びである．

- 「お菓子の空き箱が2箱と，紙コップが2個ある．これを使って子どもたちが遊べるものを作ってください」というように，モノやアイデアを生み出した

明神もと子　幼児のごっこ遊びの想像力について．釧路論集：北海道教育大学釧路校研究紀要．2005：37，143-50．

図1｜創造性

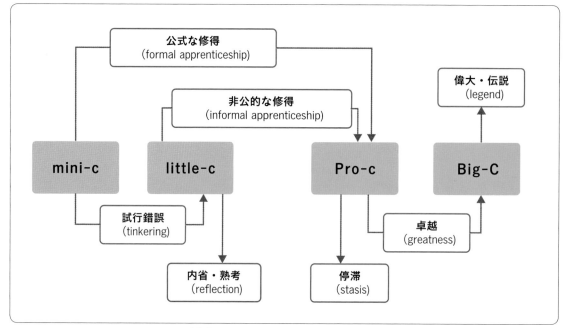

〔参考：Kaufman JC, Beghetto RA. Beyond big and little：The four c model of creativity. Review of General Psychology. 2009：13（1）．1-12.〕

Runco MA. "Big C, Little c" Creativity as a false dichotomy：Reality is not categorical. Creativity Research Journal. 2014：26（1）．131-2.

近藤健次，永井由佳里．創造性の育成に関する研究 創造的になるための変容プロセス：mini-cに着目して．日本創造学会論文誌．2018：21．42-63.

Beghetto RA, Kaufman JC. Toward a broader conception of creativity：A case for "minic" creativity". Psychology of Aesthetics Creativity and the Arts. 2007：1（2）．73-9.

り，ひらめいたりするのは創造性の一つである．また，問題解決のための思考は創造性でもある．

- Runco（2014）は，「洞察」から創造的なアイデアが生まれるとしている．
- 創造性は，文化や社会の影響を受けた創造性（**Big-C**）と，日常生活での創造性（**little-c**）に分けて考えることができる（図1）．Big-Cは，後世に影響を与える，時代や文化を超えた多くの人に受け入れられ高く評価される希少な創造性を示す（近藤，永井，2018）．
- 創造性にはさらに**mini-c**という基礎をなす創造性があり，mini-cがBig-Cやlittle-cを生み出す源である（近藤，永井，2018）．mini-cは，一人ひとりが経験する活動や事象に対して新しい意味づけや解釈するための理解や洞察を伴うもので（Beghetto, Kaufman, 2007），判断や価値づけと関連する創造性である．このmini-cは，誰しもがもっている創造性で，保育者や教育者が育むことのできる領域と考えることができる．
- 「新しい考えやアイデアを生み出そう」「問題を解決しよう」という態度や動機づけがなければ，創造性はそもそも生まれない．乳幼児期は，さまざまなものに興味や関心を示す．この時期の知的好奇心を満たしていくことは，創造性への態度の形成につながる．創造性を育むためには，正解や不正解とい

った結果を重視するのではなく，自由に考え，感じ，表現するプロセスを大切にする保育者の心構えが何より重要である．

- 創造性は一つのスキルとして考えることもでき，高めることが可能なものでもある（ウラン，弓野，2010）．乳幼児期に創造性の土台を形成することは，小学校への学びのみならず，生きる力の基礎を作り上げることになるということを保育者は忘れてはならない．

ウラン チチゲ，弓野憲一．世界の創造性教育を概観する―創造性を育成する授業についての一考察．静岡大学教育学部研究報告（教科教育学篇）．2010：41．47-76．

国立教育政策研究所（2013）は，初等中等教育の教育課程において，「21世紀を生き抜く力」として，「実践力」「思考力」「基礎力」から構成される「21世紀型能力」を提案した．「思考力」には，「問題解決・発見力・創造力」が含まれ，これらの思考の過程で生まれる「論理的・批判的思考やメタ認知から，適応的学習力につながるとしている．

国立教育政策研究所『教育課程の編成に関する基礎的研究報告5：社会の変化に対応する資質や能力を育成する教育課程編成の基本原理』2013．

④ 子どもの表現―描画からみる子どもの表現

- 子どもの描画の発達に普遍性はなく，その表現は時代や社会などの影響を受けて一人ひとり異なる（辻，2019）．
- 描画の発達には道筋がある（表1）．18か月から2歳半頃までを，スクリブルといわれる線や点を衝動的に表現する「なぐり描き期」といい，紙の上に跡が残ることを楽しむ段階である．それが，2歳半頃になると，一貫はしていないものの，そのときの状況や気分で描画の跡に意味をつけるようになる．
- 3歳を過ぎると，円形や四角形などのさまざまな形を描画して象徴したものを描くようになるため「象徴期」という．
- 5歳頃からは「図式期」といい，描画表現がより複雑になっていく時期である．隠れて見えないところを描画したり（レントゲン画），立体のものを面で描画していく展開図描画などの特徴がみられる．
- 8歳以降は対象を忠実に描く「写実期」を迎える．
- 乳幼児期の描画は，文化的な要因や学習による影響はあまり受けず，それぞれの発達段階に特有の特徴が表れやすい．子どもが自由に感じたまま紙の上

辻大地．保育内容（造形表現）における描画題材の設定内容に関する研究―表象能力の発達過程に着目して．美術教育学．2019：40．269-81．

表1 ｜ 人の描画の発達と特徴

年齢	人の描画の発達と特徴
18か月〜2歳半	[線とスクリブル] ・目的のない描画で運動的 ・スクリブルは点から始まり垂直線，水平線，斜線，曲線などの単線となり，円形と発達
3歳児	・スクリブルの内側に形を作り始める ・考え描画するが，描き終えて最後に命名する
4歳児	・円と線の連結が生まれる ・胴体はないが，顔，腕，足のある人を描く
5歳児	・指や髪の毛などの身体の細部の特徴をつけて人を描く
6歳児	・髪飾りや花，太陽など表象性のある細部をつけ足して描く ・描画に感情を含めたり，空想して描画する

〔参考：大辻隆夫，松葉健太朗．描画の発達的理解．児童学研究．2003：33．69-79．（Cantlay L. Detecting Child Abuse：Recognizing Children at Risk through Drawings. Holly Press. 1996. p.19-30.）〕

にクレヨンを滑らせて描いた表現をどう受け止め，どのような言葉をかけるかによって，その後の表現は変わってくる．たとえば，「画用紙，白い部分たくさんあるから，もっといっぱい描こうか」という言葉は，子どもの表現にどのような影響を与えるか．保育者はしっかりと考える必要がある．以下の「考えてみよう」で子どもの表現への言葉かけについて考えてみよう．

スクリブルの例

展開図描画の例

考えてみよう

子どもの豊かな表現を大切にする言葉かけ

　クラスでお絵描きをしていると，イチカちゃんが「先生みて！描けた！」と報告してくれました．保育者がイチカちゃんに「上手だね〜！」と褒めています．このやりとりは園でよくみられる日常の光景ですが，この言葉かけは，イチカちゃんやクラスの子どもたちにどのような影響を与える可能性があるか，3〜4人で話し合ってみよう．

Discussion Point

▶イチカちゃんに対する保育者の言葉は，周りの子どもたちにどのような影響を与えるでしょうか？

▶「絵を褒める」という保育者の言動は，子どもたちの表現活動にどのような影響を与えるでしょうか？

▶保育者の「上手だね」という言葉以外に，どんな言葉かけがあるでしょうか？

⑤　豊かな感性を育む保育方法

文部科学省『幼稚園教育要領解説』2018.

- 「幼児期の終わりまでに育ってほしい姿」の一つに「(10)豊かな感性と表現」が明記されている．幼稚園教育要領(文部科学省，2018)の領域「表現」における感性の発達と内容の取り扱いを表すと，図2のようになる．
- 子どもがどのような経験を積み重ねると豊かな感性になるかを常に考え保育していくことが重要である．

西浦和樹．創造性教育の現状と創造的問題解決力の育成：教育ツールの活用による人間関係構築の試み．教育心理学年報．2011：50．199-207.

Meyers-Levy J, Zhu RJ. The influence of ceiling height：The effect of priming on the type of processing that people use. Journal of Consumer Research. 2007：34．174-86.

▶ 環境構成と豊かな感性

- 子ども自らが何かに気づいたり発見し，「どうしてかな？」と疑問をもったり試行錯誤して「着想」を重ねる経験は創造性につながる(西浦，2011)．
- 保育者にとって創造的な思考を促すような環境構成も重要である．自由な活動が制限されるような狭い空間で活動するよりは，広い空間で作業する環境のほうが創造性を豊かにする(Meyers-Levy, 2007)．

図2 ｜ 感性の発達過程と内容の取り扱い

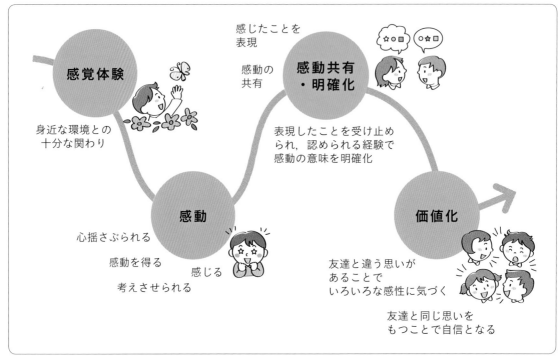

(参考：佐藤寛子．幼稚園教育要領における「豊かな感性」のみとりの観点—5歳児の遊び場面の事例検証から．美術教育学研究．2018：50．193-200．表1)

- 保育は環境を通して行われる．そのため，保育室のテーブルの位置やテーブルとテーブルの距離，椅子の数などをどのように配置するかといった物理的な空間の構成や，時間も創造性を育むとても重要に環境になる（図3）．

▶ 人間関係のなかで育まれる豊かな感性

- 友達と一緒に何かに取り組んで問題解決の方法を考えたり，何かを最初から作り上げることも創造性の活動の一つである．友達と一緒に何かに取り組むことで，自分にはなかったアイデアを知ることができたり，自分の考えや発想を伝えるなかで，違う視点に気づいたり，自分の考えを修正して伝えようとするなど，一人では生まれない思考が生まれる．
- 保育者が子どもに解決につながる方法や答えを教えることは簡単だが，子どもが自ら考え，答えにたどり着くプロセスや，子どもたち同士で悩み試行錯誤する時間を奪うことになる．
- 保育者は，子ども一人ひとりの創造性と，友達同士のなかで生まれる創造性の可能性を信じ，一方的な指導はしないことが大切である．

> 年長になると，保育者が結果を導かなくても，子ども同士で話し合って問題解決できるようになる．

図3 | 感性を育むための環境構成の工夫

┌─ 考えてみよう ─┐

豊かな感性を育むための働きかけ

　年長クラスの子どもたちが，「友達の考えや気持ちにはいろいろあり，感性も一人ひとり違う」ということを理解できるようになるために，幼児期にどのような土台を作っていけるか，保育者の役割について考えてみよう．

Discussion Point

▶ 同じクラスの友だちを意識したり注意を向けたりするには，どんな働きかけが有効だろう．

▶ 一人ひとり違うということは，ポジティブな場面だけではなくネガティブな場面でも感じられるかもしれません．

• 人間関係のなかから生まれる創造性も，子どもたちが日常の生活を経験するなかで生まれる興味・関心や，疑問，知的好奇心に沿いながら育んでいくことも大切である．そのためには，保育者は子どもたちの気づきや発見を見逃さずにしっかりとキャッチし，そこから創造性につながる活動へと広げていくことが求められる．

▷ 保育者の関わりと子どもの感性

• 「日曜日の運動会，楽しかったね．今日は運動会の絵を描こう！」と子どもたちは一人ひとりそれぞれの色のクレヨンを手に取り，思いのまま描画している．「できた！」と見せてくれた子どもの画用紙には白い空白がたくさんある．

「白いところにまだいっぱい描けるよ．時間もたくさんあるから付け足しておいで！」．そしてほかの子どもには，「顔の色って青い？　お友達の顔，よく見てごらん．もう一回描き直そうか」このような言葉かけは，子どもの表現や感性を常識やルールに当てはめていこうとするものである．

- 「子どもが」自らの感覚を通して美しさや感動などの情動的な体験をし，「子どもが」感じたこと，気づいたことを言葉や身体，描画や制作活動を通して自由に表現することが重要である．
- 美しいと感じるもの，手を伸ばして触りたいと思うもの，じっと見て没頭するもの……．これらの対象になるものは子ども一人ひとり異なり，一人ひとりの感性が表れている．子どもが何かに注意し立ち止まったならば，保育者も足を止めて同じ目線でそのときにしか感じられない情動や感動，気づきを共有していくことが大切である．
- 子どもの感性を豊かにするためには，保育者自身の感性も重要である．子どもが立ち止まる姿に気づき，視線の先にある対象を同じように感受し，子どもが今感じている情動や思考を見つめられる感性を持ち合わせることは，保育者に求められる姿勢でもある．

◉文献
- Beghetto RA, Kaufman JC. Toward a broader conception of creativity：A case for "minic" creativity". Psychology of Aesthetics Creativity and the Arts. 2007：1(2). 73-9.
- 今井四郎，須藤昇ら．感性についての認知心理学的考察．心理学評論．1994：37(1). 1-18.
- 今井四郎，須藤昇ら．感性，感性情報処理とその適応的意義．心理学評論．1995：38(3). 351-67.
- Kaufman JC, Beghetto RA. Beyond big and little：The four c model of creativity. Review of General Psychology. 2009：13(1). 1-12.
- 川端秀明．第3章 感性認知．箱田裕司，都築誉史ら『認知心理学』有斐閣．2010. p.47.
- 国立教育政策研究所『教育課程の編成に関する基礎的研究報告5：社会の変化に対応する資質や能力を育成する教育課程編成の基本原理』2013. https://www.nier.go.jp/kaihatsu/pdf/Houkokusho-5.pdf(最終閲覧：2022年5月)
- 近藤健次，永井由佳里．創造性の育成に関する研究 創造的になるための変容プロセス：mini-cに着目して．日本創造学会論文誌．2018：21, 42-63.
- 厚生労働省『保育所保育指針解説』2018. https://www.mhlw.go.jp/file/06-Seisakujouhou-11900000-Koyoukintoujidoukateikyoku/0000202211.pdf(最終閲覧：2022年5月)
- 工藤佳久『もっとよくわかる！脳神経科学』羊土社．2019. p.46.
- Meyers-Levy J, Zhu RJ. The influence of ceiling height：The effect of priming on the type of processing that people use. Journal of Consumer Research. 2007：34. 174-86.
- 三浦佳世『感性認知―アイステーシスの心理学』北大路書房．2016.
- 文部科学省『幼稚園教育要領解説』2018. https://www.mext.go.jp/content/1384661_3_3.pdf(最終閲覧：2022年5月)
- 明神もと子．幼児のごっこ遊びの想像力について，釧路論集：北海道教育大学釧路校研究紀要. 2005：37. 143-50.
- 西浦和樹．創造性教育の現状と創造的問題解決力の育成：教育ツールの活用による人間関係構築の試み．教育心理学年報．2011：50. 199-207.
- 大辻隆夫，松葉健太朗．描画の発達の理解．児童学研究．2003：33. 69-79.〔Cantlay L. Detecting Child Abuse：Recognizing Children at Risk through Drawings. Holly Press. 1996. p.19-30. 〕
- Runco MA. "Big C, Little c" Creativity as a false dichotomy：Reality is not categorical. Creativity Research Journal. 2014：26(1). 131-2.

- 佐藤寛子．幼稚園教育要領における「豊かな感性」のみとりの観点—5歳児の遊び場面の事例検証から．美術教育学研究．2018：50. 193-200.
- 新村 出編『広辞苑（第六版）』岩波書店．2008．（「感性」p.4484.）
- 辻大地．保育内容（造形表現）における描画題材の設定内容に関する研究—表象能力の発達過程に着目して．美術教育学．2019：40. 269-81.
- ウラン チチゲ，弓野憲一．世界の創造性教育を概観する—創造性を育成する授業についての一考察．静岡大学教育学部研究報告（教科教育学篇）．2010：41. 47-76.

第 **4** 章

子どもの心と関わる
保育の方法

13

乳幼児期の学びを支える保育

学習のポイント

1. 子どもの成長，発達において遊びはどのような意味があるか，遊びの定義から理解できる．
2. 子どもが何かに興味・関心をもち，没頭して遊んでいるときの心理的過程を知り，子どもの遊びを支える方法について理解できる．

① 子どもの遊びの特徴と保育

▶ 遊びとは

- 遊びは，心と身体の発達・発育と直接関連する非常に重要な活動である．
- 砂でお城を作っていると，仲間が加わり，お城から山とトンネル作りになったり，バケツで運んだ水を流してダムができあがったり，そこには想像や創造などの思考や，わくわくするなどの感情，人間関係などが絡み合いながら遊びが変化していく．
- カイヨワ（Caillois, R.）は遊びを**表1**のように定義している．
- 日常の保育における遊びを主導しているのは常に子どもである．その時々に生まれる遊びのルールや方向は子どもによって創造されるものである．**子どもが主体となった本来の遊びを通して，自らで創造したルールや新たな世界のなかで行動することで，自分をコントロールする自律性も発達していく**．
- 遊びは子どもにとって学びというが，学びのために遊ぶのではなく，遊びの結果，偶発的，結果的についてくるのが学びなのである．

カイヨワ R，訳：多田道太郎，塚崎幹夫『遊びと人間』講談社学術文庫，1990．

▶ 遊びの種類

- 遊びはいろいろな分類が可能である．たとえば，粘土，絵本，積み木やブロック，ぬりえ，制作などの室内遊び，園庭での鬼ごっこや砂場遊び，鉄棒やブランコなどの遊具による屋外遊びがある．そのほかにも，さまざまな発達の側面から遊びを分類したものがある．

表1 | カイヨワの遊びの定義

①自由な活動	遊びは強制や命令によるものではなく，延長や中止することができる
②分離した活動	遊びはあらかじめ時間や空間が制限されている
③未確定の活動	遊びには創意があり，遊びの結末や結果は誰にもわからない
④非生産的な活動	遊びによって財貨や富は生まれない
⑤規則のある活動	遊びにおいて現実の法は一時停止されて一時的な方が成立する
⑥虚構的活動	遊びは非現実的な第二の現実や特有な意識が生まれる

(参考：カイヨワ R，訳：多田道太郎，塚崎幹夫『遊びと人間』講談社学術文庫．1990.)

1. パーテン(Parten, M.B.)の遊びの6タイプ

- 特別何もしない行動：興味・関心が視線にあらわれる
- 一人遊び：他児との関わりはほとんどなく一人で遊ぶ
- 傍観的遊び：他児の遊びを見ているが，その遊びには参加しない
- 平行遊び：他児と同じ空間で同じような遊びをしているが，関わりはなく個々が中心となっている
- 連合遊び：同じ空間で同じ遊びをしているが役割分担などはない
- 協同遊び：遊びのイメージが共有され役割分担もある

Parten MB. Social participation among preschool children. Journal of Abnormal and Social Psychology. 1932 : 27 (3). 243-69.

パーテンの遊びの研究
➡ 第2章5　p.66を参照

2. ビューラー(Bühler, K.)の遊びの分類

- 機能遊び：感覚や運動，機能による遊び
- 虚構遊び：ごっこ遊びなど現実の世界から離れた想像による遊び
- 構成遊び：積み木や砂場など何かを作ったり描いたりする遊び
- 受容遊び：絵本，素話，音楽など受容的な遊び

ビューラー K，訳：原田茂『幼児の精神発達』協同出版．1966.

3. ピアジェ(Piaget, J.)の遊びの種類

- 機能的・感覚運動的遊び：0〜2歳くらい
- 象徴的遊び：2〜4歳くらい
- 規則的遊び：4〜6歳くらい

無我夢中とは，「我を忘れるほど，ある物事に熱中すること」(広辞苑)である，

▶ 子どもの遊びと没頭を支える保育

- しばしば子どもは時間を忘れて遊びに集中したり没頭したり無我夢中になったりする.
- エリス(Ellis, M.J.)は，子どもの遊びは，覚醒水準を最適な状態に高めよう

新村 出 編．『広辞苑』三省堂．「無我夢中」.

エリス MJ, 訳：森 楙, 大塚忠剛ら『人間はなぜ遊ぶか―遊びの総合理論―』黎明書房. 1977.

チクセントミハイ M, 訳：今村浩明『楽しみの社会学』新思索社. 2001.

とする欲求によって動機づけられているものとした.

- エリスの**最適覚醒理論**では, 情報量が適度で最適なときには楽しさを感じ, 最適覚醒水準に入ることができる. しかし, 発達水準からみて少なすぎる情報負荷量では覚醒水準は低くなり, その遊びは退屈になる. 反対に, 情報負荷量が発達水準をはるかに超えた難しい内容であれば負荷が大きくなり, 不安を感じることもある. この状態では当然楽しさは感じられない.

- したがって, 子ども一人ひとりの発達水準を理解し, ふさわしい遊びの環境を構成することが大切である.

- チクセントミハイ (Csikszentmihalyi, M.) の**フロー理論**では, 没頭活動に伴う精神状態, 無我夢中の状態は, 内発的動機によるものとして, 今あるスキルよりも, 少し難しいくらいの挑戦が没頭を生み出すと考える.

- 子どもの活動で考えると, スキルが低い, まだ身についていない発達段階にある子どもにとって非常に難しい内容を提示しても, 難しすぎて解決できず不安になるだけで没頭の状態は生まれない. また, あるスキルが身についた子どもに, そのスキルを用いた簡単な活動に挑戦させても, 簡単すぎるので退屈になり, これも没頭にはつながらない.

- 子どもが活動や遊びに没頭したり無我夢中になれるよう, 子ども一人ひとりの「今できること」「今できるようになったこと」を見極め, 子どもが主体的に挑戦して達成感を感じられるような環境を構成したり, 機会を意図的に作り出すことが重要である.

- このような経験が繰り返されることで, 次への新たな活動や挑戦につながっていく.

話し合ってみよう

遊びに没頭している子ども

　片づけの時間になってもブロックをなかなか片づけないサクくん．先生はサクくんに「片づけの時間になったからお片づけしようか」と声をかけても「やだ」というばかりで片づけようとしません．このとき，あなたならどう対応しますか．みんなで意見を出し合って考えてみよう．

Discussion Point

▶カイヨワの遊びの定義を見返してみよう．

▶「片づける」ということは，どのような意味があるだろう．

▶サクくんの「やだ」という心の背景には何があるだろう．

② 乳幼児期の日常生活と保育方法

- 子どもは自ら主体的に環境に働きかける存在である．
- 保育所保育指針では，「保育の環境には，保育士等や子どもなどの人的環境，施設や遊具などの物的環境，更には自然や社会の事象などがある．保育所は，こうした人，物，場などの環境が相互に関連し合い，子どもの生活が豊かなものとなるよう，次の事項に留意しつつ，計画的に環境を構成し，工夫して保育しなければならない」と明記されている．
- 保育所や幼稚園における保育の基本は，「環境を通して行う」ことにある．保

第1章総則　1保育所保育に関する基本原則(4)保育の環境

厚生労働省．保育所保育指針解説．2018．

育所保育指針には，子どもが「自発的，意欲的に関われるような環境」を構成すること，「自らが環境に関わり，自発的に活動」することが記載されている．

▶ 環境と保育

1» 人的環境

- 園での生活においては，保育者，給食の先生，事務室の先生，園長先生をはじめ大人という存在があり，また，同じクラスの仲間，隣のクラスの友達，自分より小さい子ども，自分より年上のお兄さん，お姉さんといった仲間の存在がある．

- 子どもは，模倣や観察学習など，他者の振舞いを見ることによって学ぶことが多く，人間関係のなかで認知発達や情動発達，パーソナリティが形成されていく．

- 多くの子どもにとって初めての社会集団は保育園や幼稚園であり，初めて長く日常生活を共にする他者は保育者である．**対保育者，対仲間において安定した人間関係を構築していくなかで，一人の人格として認められる経験は，これからの発達の土台形成に重要である**．

- 主体的で自発的な存在である子どもが，自ら考え，意思決定できるよう，保育者は環境を通して子どもの発達を支える必要があり，保育者は常に自身の言動や態度を見つめ直すことが大切である．

> 保育者という人的環境の言葉や行いは，子どもの社会性や人間性，価値観の形成にも影響を与える．子どもに注意ばかりを与え，行動を修正することを目的に保育を行えば，それを日常的にみている子どもたちは失敗した友達を保育者と同じような口調で注意を与えるようになるだろう．

2» 物的環境，事象

- 園舎，園庭，保育室，ホールやトイレなど，子どもが日々過ごす空間は物的環境の一つである．この広い空間のなかに，ホール，トイレ，自分のクラスはどこにあるかを理解し，子どもたちは目的をもって移動するようになる．

- 子どもの動線を邪魔したり，怪我につながるような配置，大人の都合による物の配置がないよう意識していくことが大切である．

- **椅子や机，クレヨンや折り紙，壁面なども物的環境で，その素材や配置も重要な環境構成になる**．何も考えずに折り紙を置くのと，虹のように並べて置くのとでは，どちらが子どもの注意をひいたり興味・関心を高められるかといった視点をもって環境を構成することが大切である．

- 保育者が言葉で働きかけて注意を促さなくても，物の配置一つで物に興味・関心を示し，自発的，主体的に対象に手を伸ばし，積極的に物的環境に積極的に関わろうとする．

> 日々変わる天気や温度，湿度，風，季節の変化なども子どもにとって重要な事象で環境である．

- 事象は，感性を養ったり，生命尊重につながる環境になる（第3章9，第3章12参照）．保育室のみならず，広い空間を子どもの保育環境としてとらえ，コーディネイトしていくことが大切である．

3» 社会・文化的環境

- 保育の場で形成されるルールや習慣は，**社会的環境**となる．保育の場は生活の場でもあることから，一人の空間で過ごしたいとき，体力や月齢の差から，同じ集団のなかで同じように過ごすことが難しい場合もある（小川，2004）．このような場面においても，個として存在しながらも社会的環境から孤立せずに過ごせる場所は重要である（小川，2004）．たとえば，園舎の一部の空間を保育室や園庭の活動や規則から逸れた子どもの居場所として環境構成するなど（境，2012），集団のなかから離れられる空間を認めることも必要である（境，2015）．個の生活と集団で得られる社会性などのバランスを考慮した環境を構成することが重要な視点になる．

小川信子．子どもの生活と保育施設．彰国社．2004．

境愛一郎．「境」としてのテラスは幼児にとってどのような場所であるのか．保育学研究．2012：50(3)，309-19．

境愛一郎．保育の社会的環境における「境の場所」に関する研究─子どものテラス利用に対する保育者の意識．広島大学大学院教育学研究科紀要第三部．2015：64，155-64．

③　保育のカリキュラムとPDCAとOODAサイクル

- それぞれの園は創意工夫して作成された保育計画に基づき，保育や教育を行っている．
- 保育・教育計画は，日々の保育を省みて評価し，改善点を次の保育に反映させることが大切である．この流れを**PDCAサイクル**という．
- PDCAサイクルにおいては，保育・教育課程の重点である養護や教育，子ども一人ひとりの主体性を尊重した保育が実施できているか，環境構成は適切かなど見直しを行ったり，目の前の子どもたちの興味・関心に基づい

PDCAサイクル
「Plan（計画）」「Do（保育実践）」「Check（評価）」「Act（改善）」

PDCAサイクル
➡ 第1章2　p.30を参照

た保育が行えているかを振り返りながら子ども理解につなげていくものである.

- 適切なPDCAサイクルは,明日の子どもの発達につながる.サイクルを効果的なものにするためには,目の前の子どもの姿を正しくとらえることから始まる.子どもの興味・関心や行動をベースに,保育・教育目標を明確に設定し,定期的・継続的に保育内容をチェックしなければならない.

- その日その時の子どもの姿を観察し,正しく記録することも重要である.記録したものを保育者間で見返し省察し合い,保育・教育課程と照らし合わせたり,子どもの興味・関心や発達・発育と照らし合わせながら,評価・改善し,**発達の連続性を鑑みた保育へとつなげることが大切である**.

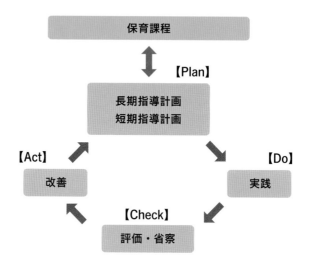

OODA
「Observe(観察)」「Orient
(方向づけ)」「Decide(決
定)」「Action(実行)」

藤本一雄.OODA ループの観
点から見た緊急対応時の校長
の意思決定に影響を与える要
因－東日本大震災での岩手・
宮城・福島県の小・中学校の
事例研究.自然災害科学.
2018:36(4).399-408.

- **OODA**によるマネジメントも有効である.「Plan(計画)」から始まるPDCAは臨機応変な対応が難しい反面,OODAは緊急場面においても柔軟な対応が可能となる.情報を収集し(Observe),計画と現実の差を予測しながら,差が大きい場合はふさわしい行動案を検討する(Orient).検討された案からふさわしい行動を決定し(Decide),実行する(Action)というループがOODAである(藤本,2018).

明日の保育に向けた保育記録とカンファレンス

▶ 保育記録

- 保育所保育指針には,保育計画や保育の記録を通して自らの保育を省察・自己評価し,専門性の向上や保育の改善に努めるよう記されている.

- 保育記録には，時系列で子どもの姿や保育者の援助内容を記録するものや，ポートフォリオやラーニングストーリー，エピソード記録，保育マップ型記録，ドキュメンテーション，シナリオ型記録などその方法やスタイルはさまざまである．ここでは，エピソード記録とドキュメンテーションを取り上げる．

1» エピソード記録

- エピソード記録とは，「単に出来事のあらましを描くのではなく，保育者の目や体を通して得た経験を保育者の思いを絡めて描くもの」（鯨岡ら，2009）で，保育者や子どもの意図，思いなど意味のある一場面（エピソード）を切り取り記述していく方法である．
- エピソード記録は，保育者の保育観や思いが可視化されやすいことから，保育者間で共有していくことが可能で，また，保育カンファレンスとしてエピソードをケース（事例）として共有することもできる．
- なお，エピソード記録は，保育者の主観による，個々の印象に残ったエピソードが抽出されるため，その表現の方法や共有のあり方次第で話し合いの方向性が変わる難しさがある（國京，2017）ことを忘れてはならない．

2» ドキュメンテーション

- ドキュメンテーションは，**レッジョ・エミリア・アプローチ**の一つである．
- レッジョ・エミリア・アプローチとは，イタリア北部の市，レッジョ・エミリアで実践されている教育方法である．その特徴は，子どもの小集団による主体的，協同的な学びを，保育者がパートナーとして支えるところにある（中坪，2018）．
- ドキュメンテーションは，プロジェクトなどにおける子どもの会話内容や保育者の子どもへの言葉かけ内容を記録したり，子どもの姿や活動を写真やビデオで撮影したりして記録する．
- ドキュメンテーションは，次の保育計画と密接に関連しており，子どもと対話するための資料でもある（入江，小原，2019）．また，子どもの活動や意図を可視化しているため，保育カンファレンスで共有しやすい．
- 日本におけるドキュメンテーションも，子どもの活動を写真に撮り，子どもの言葉や活動のねらいなどをコメントとして記すものが多い（山本，2018）．
- ドキュメンテーションは，園内に掲示したり，ホームページやソーシャルネットワークを活用して発信され，保護者に園における子どもの姿を共有することができる．

鯨岡峻，鯨岡和子『エピソード記述で保育を描く』ミネルヴァ書房．2009．

國京惠子．保育現場における記録方法の検討．生涯発達研究．2017：10，85-91．

中坪史典．レッジョ・エミリアの視点から読み解く日本の幼児教育．広島大学大学院教育学研究科紀要，2018：67，9-16．

伊東久実．レッジョ・アプローチによるドキュメンテーションの実例検討．身延論叢．2012：17，1-17．

入江礼子，小原敏郎『子ども理解と援助　子ども理解の理論及び方法　ドキュメンテーション（記録）を活用した保育』萌文書林．2019．

山本麻実．学びの活動を振り返るためのドキュメンテーションと幼児の造形作品との関わりについて．名古屋女子大学紀要．2018：64，387-95．

まとめたものは，保育者間のみならず，保護者や地域住民に公開し子どもの姿や発達を共有するために用いられることもあり，保護者や地域住民とのコミュニケーションを生み出したり，保育参加につながる機会を提供する（伊東，2012）．

▶ 保育カンファレンス

笠師千恵，小橋明子『相談援助 保育相談支援』中山書店，2016.

- 園全体で取り組んでこそ保育である．一人ひとりの子どもにふさわしい保育を行うためには，保育カンファレンスは欠かせない．カンファレンスは，園内で行われる場合と，ケースによっては関連機関と連携して行われる場合がある（笠師，小橋，2014）．

- カンファレンスは，子どもの発育・発達について情報共有し，保育・教育方針や計画に沿った保育を行うことにもつながる．

- 保護者を理解することは子どもを理解することにもつながる．保育所の役割の一つに「家庭との緊密な連携を下に，子どもの状況や発達過程を踏まえ，保育所における環境を通して，養護及び教育を一体的に行うこと」がある（保育所保育指針）．

Tickle-Degnen L, Rosenthal R. The nature of rapport and its nonverbal correlates. Psychological Inquiry. 1990 : 1 (4)．285-93.

- 家庭との連携には，信頼関係は絶対条件で，信頼関係を形成するために，肯定（positiveness），相互的注意（mutual attentiveness），調和性（coordination）が重要となる（Tickle-Degnen, Rosenthal, 1990）．

- 保護者との信頼関係をもとに，専門的なスキルと態度で保護者を理解し，子育てを支えていくことが大切である．

◉ 文献

- ビューラー K. 訳：原田茂『幼児の精神発達』協同出版. 1966.
- カイヨワ R. 訳：多田道太郎, 塚崎幹夫『遊びと人間』講談社学術文庫. 1990.
- チクセントミハイ M. 訳：今村浩明『楽しみの社会学』新思索社. 2001.
- エリス MJ. 訳：森楙, 大塚忠剛ら『人間はなぜ遊ぶか—遊びの総合理論—』黎明書房. 1977.
- 藤本一雄. OODA ループの観点から見た緊急対応時の校長の意思決定に影響を与える要因 – 東日本大震災での岩手・宮城・福島県の小・中学校の事例研究. 自然災害科学. 2018：36(4). 399-408.
- 入江礼子, 小原敏郎『子ども理解と援助 子ども理解の理論及び方法—ドキュメンテーション(記録)を活用した保育』萌文書林. 2019.
- 伊東久実. レッジョ・アプローチによるドキュメンテーションの実例検討. 身延論叢. 2012：17. 1-17.
- 笠師千恵, 小橋明子『相談援助 保育相談支援』中山書店. 2014.
- 厚生労働省. 保育所保育指針解説. 2018.
  https://www.mhlw.go.jp/file/06-Seisakujouhou-11900000-Koyoukintoujidoukateikyoku/0000202211.pdf(最終閲覧：2022年5月)
- 鯨岡峻, 鯨岡和子『エピソード記述で保育を描く』ミネルヴァ書房. 2009.
- 國京惠子. 保育現場における記録方法の検討. 生涯発達研究. 2017：10. 85-91.
- 文部科学省. 幼稚園教育要領解説. 2018.
  https://www.mext.go.jp/content/1384661_3_3.pdf(最終閲覧：2022年5月)
- 中坪史典. レッジョ・エミリアの視点から読み解く日本の幼児教育. 広島大学大学院教育学研究科紀要. 2018：67, 9-16.
- 小川信子. 子どもの生活と保育施設. 彰国社. 2004.
- Parten MB. Social participation among preschool children. Journal of Abnormal and Social Psychology. 1932：27(3). 243-69.
- 境愛一郎. 「境」としてのテラスは幼児にとってどのような場所であるのか. 保育学研究. 2012：50(3). 309-19.
- 境愛一郎. 保育の社会的環境における「境の場所」に関する研究—子どものテラス利用に対する保育者の意識. 広島大学大学院教育学研究科紀要 第三部. 2015：64. 155-64.
- 新村 出 編. 『広辞苑』三省堂. 「無我夢中」.
- Tickle-Degnen L, Rosenthal R. The nature of rapport and its nonverbal correlates. Psychological Inquiry. 1990：1(4). 285-93.
- 山本麻美. 学びの活動を振り返るためのドキュメンテーションと幼児の造形作品との関わりについて. 名古屋女子大学紀要. 2018：64. 387-95.

◉ 学びを深めるための参考図書

- 本間博彰. 乳幼児と親のメンタルヘルス—乳幼児精神医学から子育て支援を考える. 明石書店. 2007.
- 森上史朗. 特集 保育をひらくためのカンファレンス. 発達カンファレンスによって保育をひらく. 発達. 1996：68. 1-4.

14

乳幼児期の発達の遅れと
発達を支える保育―支援と連携

学習のポイント

1. 発達に遅れや偏りのある子どもの特徴について理解することができる.
2. 保育における発達支援について理解することができる.
3. 保育の現場において, 発達に遅れや偏りのある子どもへの関わりを考え, 実践につなげることができる.

① 乳幼児期の発達の特徴と遅れ

▶ 発達の個人差と個人内差を理解する

- 保育所保育指針(厚生労働省, 2017)に用いられている「発達過程」とは, ある時点で何かが「できる, できない」という画一的な視点ではなく, 育ちゆく過程の全体をとらえた視点で見ることを大切にしている. すなわち, 保育においては, 子どもの育つ道筋やその特徴を踏まえ発達の個人差に留意するとともに, 生活するなかでその子どもはどんな特徴をもち, 今どのような発達ニーズがあるのか, 一人ひとりの心身の状態や家庭生活の状況などを踏まえて, 発達過程をとらえていくことが求められる.

- 幼稚園教育要領解説(文部科学省, 2018)で示されている「発達の課題」とは, その時期の多くの子どもが示す発達の姿に合わせて設定されている課題のことではなく, 一人ひとりの発達の姿を見つめることにより見出される子ども一人ひとりの課題である. ピアジェ(Piaget, J.)の発達段階やエリクソン(Erikson, E.H.)やハヴィガースト(Havighurst, R.)の発達課題は, その時期の発達の特徴を理解するうえで役立つが, 一人ひとりの子どもの姿をとらえ, 発達の個人差や個人内差を理解することも重要である.

- 同じ生活年齢であっても, 一人ひとり早く発達する部分とゆっくり発達する部分, 得意・不得意な面が存在する. とりわけ, 障害のある子どもは発達の進み方や得意・不得意の差が著しいため, 個人内差を正しく理解し, 特性にふさわしい環境の構成, 心身の状態に応じた適切な援助を行う必要がある.

文部科学省『幼稚園教育要領解説〈平成30年3月〉』フレーベル館, 2018.

172

発達障害とは

- 発達障害は，中枢神経系の機能障害によるもので，発達の初期に生活および社会適応上の問題が認められる場合に診断される．したがって，適応行動の評価は極めて重要である．
- 発達障害の状態が顕著であれば，乳児期からその特徴に気づくことができるが，わかりにくいケースの場合は周囲からの理解が得られにくく，気づきや支援の開始が遅れるなどの問題が生じる場合も多い．3歳児健診や集団の保育のなかで，言葉の遅れや落ち着きのなさを指摘されるまで気づかないこともある．

> 発達障害の特性は，明確な境界がなくなめらかに連続する「スペクトラム」を示し，複数の発達障害特性と重なり合うこともあることから，多くの場合，たとえば自閉スペクトラム症と発達性協調運動症といったように併存することがある．

② 乳幼児期にみられる発達障害

▶ 自閉スペクトラム症

- 自閉スペクトラム症（ASD）は，社会的なコミュニケーションや対人的な関わりにおける問題（たとえば，視線を合わせることや他者の意図などを推測することが難しい，感情の共有の少なさ，他者への興味の欠如，など），および常同的または反復的な身体の運動，同一性への固執やこだわり，限局的な興味や活動，感覚刺激に対する過敏さや鈍感さ，といった特徴がみられる．
- 1歳半以降から特徴がみられることがある．乳児期および幼児期の行動特徴としては，表1に示すものがある．

ASD：
autism spectrum disorder

▶ 注意欠如・多動症

ADHD：
attention-deficit/hyperactivity
disorder

- 注意欠如・多動症（ADHD）は，年齢に不相応な不注意や多動・衝動性といった特徴がみられる．
- 幼児期では，特に男児であればどの子どもも活発で多動が目立つことがある．
- 定型発達の子どもと ADHD のある幼児で明確に異なる点は，前者は活動の場面によっては多動がみられない一方で，後者は場面によらず多動であり，指示などを行っても抑制が効かない．幼児期の行動特徴としては，表1に示

表1 | 乳幼児期の発達障害とその特徴的な傾向

	特徴的な傾向
自閉スペクトラム症	・命令的指差し（要求の指差し）は可能だが宣言的指差し（興味の指差し）は難しい． ・視線の共有（共同注意）がみられない，ないしは遅れがみられる． ・名前を呼ばれても反応しない． ・他者と一緒にごっこ遊び，または想像上の遊びをする場面がみられない． ・感覚的な遊びを好む． ・数字や幾何学的なものに強い関心を示す． ・行動を繰り返すことを好む．
注意欠如・多動症（ADHD）	・指示が通りづらい，話していても注意がそれる． ・持ち物をなくす，整理ができない． ・すぐに気が散ってしばしば遊びが中断する． ・「待ってね」といっても待てない，順番が待てない． ・常に落ち着きがなく，走り回ったり，身体のどこかが動いている． ・静かに遊んだりできない． ・しゃべりすぎる．
限局性学習症（LD）	・発音の未熟さ（「ぶどう→ぶろー」，「でんわ→でんま」）． ・音韻の未熟さ（特定の音が聞き取りづらく「とうもろこし→とうころもし」と何度も言い間違える）． ・語想起の弱さ（「えーっと……」とすぐに言葉が出てこない）． ・語彙の少なさ． ・数字や色名がなかなか覚えられない． ・ひらがなの読みが覚えにくい．
発達性協調運動症	・ボールを蹴るとまっすぐ飛ばなかったり，ボールに足が当たらなかったりする． ・（ラジオ）体操などの場合，動きの模倣が難しい，もしくは上手に合わせられない． ・片足でバランスが取れない． ・平均台をゆっくり歩けない． ・走りがぎこちない，まっすぐ走れない． ・鉛筆の持ち方がぎこちない． ・手本を見て，丸や三角などの模写ができない． ・はさみを線にそって切るのが難しい． ・色塗りをすると必ずはみ出す． ・スプーンや箸を使って食べ物を持てない，持ててもすぐにこぼす． ・折り紙ができない．

すものがある.

▶ 限局性学習症

- 限局性学習症(LD)は，知的発達には問題はないが「聞く」「話す」「読む」「書く」「計算・推論する」などの特定の能力を要する学習が極端に困難な障害である.
- 幼児期では読み書きをしないことが多いためさほど目立たないが，幼児期の行動特徴としては，表1に示すものが幼児期後期においても一過性ではなく継続してみられることがある.

LD：
learning disorders または
learning disabilities

▶ 発達性協調運動症

- 協調運動(両手，手と目，手と足などを同時に使う運動)に困難さがあり，日常生活が著しく妨げられている状態である.
- 身体全体を使った粗大運動と手先を使った微細運動のいずれか，またはその両方に困難さがみられ，日常の生活動作や運動，作業，学習など活動全般に時間がかかったり，ぎこちなさがみられたりする.
- 保育のなかでは，他の子どもと比べて目立つ場合が多く，気づかれやすい.特に他の発達障害との併存が多くみられる. 幼児期の行動特徴としては，表1に示すものがある.

③ 発達に課題のある子どもの幼児期によくみられる特徴

▶ 遊び

- 定型発達児では，乳児期や幼児期前期は感覚遊びが多くみられるが，年齢が上がるにつれて，遊びが広がり，見立て遊びや模倣遊び，ものつくり，ごっこ遊びなどがみられるようになる. これらの遊びは，認知や言語の発達と強く関連しており，子どもの遊びの姿から発達を理解することができる.
- 興味・関心の偏り，感覚刺激へのこだわりがみられる自閉スペクトラム症の場合，たとえばおもちゃを本来の用途や目的で使わなかったり，無機物や物のパーツだけに関心を示したり，遊びが限定していることがある. 感覚刺激へのこだわりでは，のりを使った制作活動では，のりの感触を嫌がったり，ハーモニカや太鼓などの特定の音を不快に感じて耳をふさぐなどの行動がみ

られることもある.

- 乳幼児期の遊びは学びでもあるが, 発達障害の特性によって年齢にふさわしい遊びがみられず, 一人遊びが年長児になってもみられることもある.

▶ 言葉・コミュニケーション

- ADHDやLDの子どもの場合には, 言語発達や対人コミュニケーションに顕著な発達の遅れはみられないが, 伝えたい, わかりたいという意欲があるにもかかわらず, 表現や理解が困難であったり, 相手とのやり取りのなかでもどかしさから乱暴な行動をとったりすることがある.
- 自閉スペクトラム症では, 言語発達に著しい遅れがみられることがある. たとえば, コミュニケーション意欲の低さ, コミュニケーションの不自然さが顕著にみられることがある. 言葉を全く発しない場合や, 言葉があってもオウム返しや独特の言い回し, 質問をするような語尾の上がった言い方などで表現することもある. 一方で, 言語活動は活発で, 成人が使うような難しい単語を多く話し, 文法的にも正しい表現がみられ, 一見すると言語能力が非常に高いように見える自閉スペクトラム症の子どももいる. しかし言葉の裏にある意味をくみ取ったり, ごく日常的な表現をしたりすることは苦手である.
- 自閉スペクトラム症の子どもに共通する言語の困難は, 知的レベルや年齢に関係なく, 非言語的メッセージの読み取りが困難であることで, そのためにコミュニケーションに支障があることが多い.

▶ 運動

- 自閉スペクトラム症, ADHD, LDの子どもの多くは, 一般的に著しい運動発達の障害はない. 活発に動き回り, 高いところに器用に登り, 足が速く, 跳びまわり, ぐるぐる回っても目を回さないなど, 運動能力は高いように見えることもある. しかし, 走り方や歩き方がどこかぎこちない, 細かい作業を嫌う, 非常に器用に扱える道具と全く使えないものがあるなど, その運動能力がアンバランスであることが多い. そのほか, 目と身体を協応させて動かすこと, 自分の身体と環境の位置関係をイメージしたり, とらえたりすることの困難さが表れることがある.

▶ 身辺自立

- 発達障害を抱える子どもは, 日常生活習慣(睡眠, 偏食, 排せつ, 衣服の着

脱，健康・安全）に問題が起こりやすい．

- たとえば，乳児期から睡眠リズムが乱れたり，離乳やトイレットトレーニングがうまくいかなかったり，偏食がありごく限られたものしか食べられないなど，年長になっても適切な習慣が定着しないこともある．
- 幼児期は，さまざまな経験を通して日常生活上の習慣を身に付けていくが，定型発達の子どもに対するような保育方法では適応的な行動を形成するのは難しいこともある．
- 障害のある子どもは，睡眠に障害がある傾向があり，特に自閉スペクトラム症では昼夜逆転，極端に短時間な睡眠をみせることがある．この場合は，睡眠に関与する脳機能の障害も疑われるため，医療との連携が必要である．
- ADHDの場合，ほんの小さな刺激に過敏に反応してしまい，なかなか寝付けないですぐに目を覚ましてしまうことがある．
- 偏食は習慣上の問題のほか，感覚過敏との関連が考えられる．口の中の感触やにおいなどの感覚が定型発達児とは異なっているため，極度に嫌な味と感じている可能性がある．
- 排せつの習慣に関しては，注意集中のコンロトールが難しいADHD児のなかには，尿意や便意を感じていても遊びに夢中になっていてトイレに行くことを忘れて失敗してしまう子がいる．そのほか，乳児期からの習慣へのこだわり，感覚異常のために汚れた感触やにおいが気にならない，恥ずかしいと感じないといった理由が考えられる．
- 着衣においては，特定の服しか着ない，必要なときに着替えようとしないなど，感覚刺激や自分なりの習慣へのこだわりであることが多い．布が肌に触れる感触が気持ち悪いのでいつも同じものを着ていたい，慣れない衣服への違和感から不安になってしまう，着替えをしなければならないことの意味が理解できないなど，それぞれの場合によって子どもなりの理由がある．
- 障害のある子どもたちの多くが，ある場面ではできることも，他の場面で生かすことが困難という場合があり，応用が利かないことを「般化の困難」という．特に自閉スペクトラム症では顕著にみられ，きめ細かな援助が必要である．

> 普段は失敗しないにもかかわらず，慣れないトイレは一切使えない場合もある．これはこだわりに起因するもので，慣れない場所や未知の物への不安が大きいことによるものである．

▶ 健康

- 障害児のなかには，痛覚の異常によってけがの発見が遅れる，身体の不調があっても訴えないなど，健康面で丁寧な対応が必要なことがある．とくに，対人コミュニケーションや社会性の発達に遅れや障害がある場合，痛みや身体の不快感があってもそれを訴えたり助けを求めることは少なく，大人が気

づいたときには悪化していることもあるため注意が必要である．

- 安全面に関しては，状況判断力の未熟さによって危ないということが具体的にわからなかったり，衝動性やこだわりなどにより，落ち着いているときは知識として理解しているが，危険な場面に直面したときは衝動的に動いてしまったりすることもある．

社会性

- **自閉スペクトラム症の社会的認知の障害は，集団適応を極端に困難にする．**たとえば，自分の興味・関心事には周りの状況に関係なく集団活動を拒否して取り組んだりする．また，自分なりのやり方でないと混乱し，パニックになるなど，子ども集団のなかで適応的に行動するのは難しい．このような行動は個人のわがままと誤解されやすい．

- また，保育者の言語的な指示の理解が難しかったり，想像力の乏しさや見通しを立てることへの困難から，いつもと違う保育の流れに対してパニックになることもある．この背景には，不安と恐怖心があることを理解して保育することが重要である．

- **ADHDの場合は，多動・衝動性が高いことで友達とのトラブルが目立つ．**突然一人で園から飛び出したり，乱暴に物を扱かったりすることがある．判断力や理解力は年齢相応に発達していても，行動のコントロールができないために不適切なふるまいとなることも多く，子ども自身，自分が悪いことをやったとわかっており，「しまった」「いけなかった」という気持ちをもっている．このことを理解し，自己肯定感や自尊感情を育む保育を行うことが，保育者の重要な役割である．

- 就学前の年長児においては，気持ちを抑えられず衝動的になった自分に対し，怒りやみじめさを抱くこともある．就学に向けた心理教育的な支援が大切である．

④ 発達支援（療育）と保育者の役割

▶ 発達支援（療育）とは

- 「肢体不自由児の父」と呼ばれる高木憲次（1888 ～ 1963）は，**治療に専念すれば教育の機会を失うし，教育を受けようとすれば治療の機を逸することから，「治療＋教育」を同時に施す「療育」の必要性を説いた．**

- 厚生労働省（2017）は児童発達支援を「障害のある子どもに対し，身体的・精神的機能の適正な発達を促し，日常生活及び社会生活を円滑に営めるようにするために行う，それぞれの障害の特性に応じた福祉的，心理的，教育的及び医療的な援助」と定義している.

厚生労働省『児童発達支援ガイドライン』2017.

- 発達支援（療育）という言葉や概念は時代の変遷とともに意味合いを変えており，現在定まった明確な定義は示されていないものの，「障害のある子どもの発達を促し，自立して生活できるように援助する取り組み」を指す.

- 乳幼児期の発達支援の目的は，障害のある子どもと親・家族が地域でごく普通の生活が送れるよう，安定した子育てができるよう支援していくことである.つまり，障害を治すものでも，将来のために今を犠牲にして訓練することでもない.できるだけ多くの安心と自信を子どもにもたせるような計画的な働きかけを行うこと，そのための安定した子育てができるよう家族を支えていくことが，乳幼児期の発達支援の役割である.

- 乳幼児の子どもの発達は，親子関係を中心とする家族の力に負うところが大きい.障害のある乳幼児の場合，親が子どもの障害の診断に直面したり，子どもの障害を受容できず疑ったり，不安や拒絶，怒りや葛藤など複雑な心理状態にいることが多い.そのなかで，子どもの健康管理や子育て方法に戸惑い，夫婦関係，祖父母との関係，近隣との関係，経済的負担などさまざまな悩みを抱えやすい.そのため，安定した関係性のなかで子育てすることに困難を示すことがある.

> 発達支援（療育）においては，子ども自身への働きかけとして，本人へ指導・プログラムを実施したり，幼児教育や保育を取り入れたアプローチを行ったりするのに加え，家族への支援や地域生活への支援が含まれることに留意する必要がある.

- 子どもの発達にとって重要な環境である親が，子どもの状態を正しく理解して障害を受容し，安心して育児に取り組めるように家族を支えていくことが，乳幼児期の発達支援（療育）において重要である.

- 家族が安心して育児に取り組むためには，地域のなかで受け入れられ，当たり前に暮らすことができるようにしなければならない.こうしたことへの支援を行うのもまた，療育の重要な機能である.

▶ 早期発達支援（療育）システム

- 乳幼児期の発達への働きかけはどの時期よりも重要な意味をもつため，障害の早期発見，早期発達支援につなげることが必要である.

- 障害や発達の程度はさまざまであり，出生後すぐに判断される障害もあれば，ある程度の年齢に達してから判断される障害もある.そのため，診断までに経過観察を要する場合もあり，障害の早期発見は容易ではない.

- 障害の早期発見や母子の保健指導を目的とする1歳6か月健診や3歳児健診などの乳幼児健康診査の実施が**母子保健法**により定められており，障害の早

図1 | 発育段階ごとの障害児のスクリーニング方法

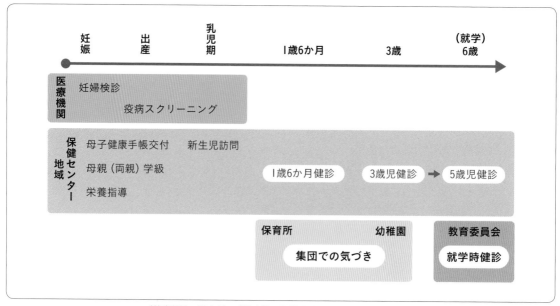

（林安紀子，橋本創一『障害児の早期発見とスクリーニング・アセスメント』アローウィン．2016.）

期発達支援へのつながりに大きな役割を果たしている．

- 厚生労働省(2007)では，発達障害や軽度な知的遅れのある子どもを就学前に発見できる可能性があることから，5歳児健診の実際や工夫について紹介している（図1）．

<small>厚生労働省『軽度発達障害児に対する気づきと支援のマニュアル』2007.</small>

- 乳幼児健診で子どもに障害が疑われる場合や，保護者が子どもの発達に不安を訴えた場合には，精密検査や経過観察を行い，介入が必要と考えられた場合には発達支援機関へつなげることになる．しかし，知的な遅れのない発達障害については，現在の乳幼児健診では発見することが難しく，早期からの発達支援が十分にできていないことが課題となっている．

<small>理学療法士(PT)：
physical therapist

言語聴覚士(ST)：
speech-language-hearing
therapist

作業療法士(OT)：
occupational therapist</small>

- 実際の発達支援では，保育者，医師，保健師，専門職(理学療法士，言語聴覚士，作業療法士，心理士)，ケースワーカーなど，多職種によるチームアプローチの体制をとることが多い．医学的・心理的・社会的評価を総合してアセスメントし，そこから個別に発達支援計画を立てて実際のプログラムとして提供していくことになる．

▶ 児童発達支援とは

- 発達支援に関わる主な機関・施設を大別すると，福祉機関と教育機関に分けられる．また，障害児のみを対象とするものと，保育所・幼稚園のように乳

表2｜発達支援に関わる機関

分野	支援機関	職種
福祉機関	保育所	保育士
	障害児通所支援 児童発達支援 医療型児童発達支援 放課後デイサービス（就学児対象） 保育所等訪問支援 **障害児入所支援** 福祉型障害児入所施設 医療型障害児入所施設	保育士，児童指導員，専門職（心理士，理学療法士，作業療法士，言語聴覚士，看護師，栄養士など） ※施設により異なる
教育機関	幼稚園 小学校，中学校，高等学校 特別支援学校 教育センター	幼稚園教諭 学校教諭 特別支援学校教諭 専門職
医療機関	病院，リハビリテーションセンターなど	医師，看護師，専門職
行政機関	保健センター，児童相談所，福祉事務所，役所の福祉課など	専門職（保健師，心理士など）を含む公務員

（堂山亞希. 障害児者福祉と医療的な支援. 編著：橋本創一, 三浦巧也ら『教職課程コアカリキュラム対応版　キーワードで読み解く特別支援教育・障害者保育＆教育相談・生徒指導・キャリア教育』福村出版. 2020.）

幼児全般を対象とするものがある．子どもの年齢や発達の過程，障害の特性により利用する機関はさまざまであるが，病院，通園施設，幼稚園や保育所などの療育機関を複数組み合わせて利用している場合も多くみられる（**表2**）．ここでは，児童発達支援を紹介する．

- 児童発達支援とは，区市町村が行う乳幼児健診等で発達支援の必要があると認められた児童または保育所や幼稚園に在籍しているが，併せて，指定児童発達支援事業所において，専門的な療育・訓練を受ける必要があると認められた児童等を対象とする，通所サービスである．

- 通所形態は，通園タイプと教室タイプがある．**通園タイプ**は保育園・幼稚園のように朝に通園して夕方まで預かりながら療育するタイプで，保育園や幼稚園に行っていない子どもの場合は園の代わりに日中の居場所になり，生活面の自立支援を合わせて行う．保育所や幼稚園に通いながら，並行して通園する場合もある．**教室タイプ**は授業・レッスンのような形態で専門的なセラピーやプログラムを行う．1回の時間が通園タイプより短いことが多いので，保護者・子どものスケジュールに合わせて通いやすいというメリットもある．

- 通所のスタイルは，親子分離と親子通所の二通りの形態がある．**親子分離**では，保護者から離れる経験は子どもの自立心を養うことにもつながる．通所中，保護者が育児から離れられるので，一時的な休息がとれるという保護者にとってのメリットもある．
- **親子通所**では，親子が一緒に発達支援のプログラムに参加するタイプの施設では，親子の関わり方を学ぶこともできる．まだ集団で過ごすことに慣れていない低年齢の子どもの場合は，親子一緒のほうが子どもも安心できるためこの形態をとることが多い．
- 活動内容はさまざまであるが，多くは子どもの特性やニーズに合わせて選択・構成される．
- 乳幼児期の発達支援は，その後の一生涯を通した支援システムの入り口という重要な意味合いをもつ．そのためこの時期には，保護者に対しては受容的かつ親身になって関わること，子ども自身の他者への信頼感や関心を高めるよう関わることが重要である．
- 発達に課題のある子どもとその家族は，それまでの子育ての過程で傷つきや挫折，孤独感を経験している場合も多いため，保育者は味方であり理解者であるということを感じてもらえるよう働きかけを行うことが大切である．

> たとえば，概念（色，形，数など），運動機能と動作（身体の使い方，日常生活動作など），言語・コミュニケーション（言葉の理解と表出，やりとりなど），社会性・対人関係（挨拶や社会的ルールの理解など），摂食（口腔機能の向上，食事の指導など），リハビリ（筋緊張の低減や歩行を獲得させることを目指した指導など）が挙げられる．実施形態には，小集団で行う集団型と，専門的なセラピストと一対一で行う個別型がある．

❺ 発達を促す生活や遊び

▶ 生活

- 乳幼児期は，身辺自立に向けて取り組む時期で，日常生活の動作を繰り返し習熟し，一人で身の回りのことができるようになっていく．
- 手指の巧緻性が低く不器用であったり，感覚過敏やこだわりがあったりすると，生活技能の獲得に困難が生じる場合がある．このような場合，親や保育者がいつも手伝うと，子どもの主体性はなくなっていくため，「自分でやる」という動機もなくなっていく．そのため，保育者は子どもの発達の可能性を理解し，自分でできたという経験を増やす機会を提供し自立を目指した援助を行うことが大切である．
- 生活面での支援を行う際，まず子どもに合わせたわかりやすく安心できる環境を整える必要がある．たとえば，生活の環境を見直す（物や刺激を整理する，場所と行動を結びつける，リラックスできるスペースを作るなど），スケジュールを伝える（見通しを示し，変更・変化があれば前もって伝える，時間の経過を伝えるなど），活動の示し方や手順を考える（始まりと終わりを

伝える，写真や絵で示すなど）といった**工夫**は，子どもが自律的に行動する
ための手助けとなる．

- 不器用さや手指の巧緻性の問題であれば，どのような道具や支援があれば自
  分でできるのかを客観的に把握していくことが必要である．たとえば，箸や
  皿を使うことが難しい場合，どのような動きであれば可能なのか，その動き
  で使える食具はどんなものなのかを見立て，子どもにとって使いやすいもの
  を用意するとよい．
- 自分で排泄するところまではできるが，うまくトイレットペーパーを切れず
  に後始末ができないような場合には，方法がわからないのか，動作がうまく
  いかないのかを見立て，「右手に巻き付けて左手で押さえて切る」という手順
  を示し練習したり，トイレットペーパーを適度な長さに切って置いておくな
  ど具体的な支援を行うとよい．**どこに困難があり，どのような支援を行えば
  自分でできるようになるのか**，という視点でみていくことが非常に重要であ
  る．
- 偏食や感覚過敏からくるこだわりは，本人にとって変えることは耐えがたい
  苦痛になることもある．たとえば，偏食は普段から生活リズムを整え食事の
  時間を決めておく，他児が食べているのを見るなどの社会的な場面を活用す
  る，これを食べたら好きなものが出てくると交渉する，少しだけ盛り付けて
  食べきれたら褒めるなど，日々の積み重ねのなかで取り組み，徐々に口にす
  るものが広がっていくことをめざす．こうしたこだわりや感覚過敏への取り
  組みは，**本人の快適さや気持ちの安定と健康面や衛生面との折り合いをつけ
  ながら対処していくことが必要である**．

▶ 遊び

- 発達に遅れや偏りのある子どもも,「遊び」を通じて多くのことを学んでいく. たとえば, お互いに触れあうことで自分自身と相手を感じたり, 抱っこされて安心感や心地よさを得たりするふれあい遊びでは, 親や保育者との愛着形成やコミュニケーションの発達を促すことができる.
- 遊びは, 笑顔など自然な感情表現や, 次の展開を期待する表情, 視線などの言葉以外のコミュニケーションも生まれやすく, 相手と一緒に楽しむ機会となる.
- 自閉スペクトラム症や知的障害のある子どものなかには, 親を含む他者に対

話し合ってみよう

「問題行動」を考える

　保育所や幼稚園は, 定型発達の子どもと障害のある子どもが共に生活を送る場でもあります. 障害のある子どもにとって, 他の子どもたちと同じ行動をとったり, 園の決まりを理解して守ったりすることにストレスを感じやすく, 集団という環境に適応することが難しい場合もあります. 発達に遅れや障害のある子どもが集団に適応できていないとき, 保育者はその子どもの行動を「問題行動」としてとらえるかもしれません. ここでいう「問題」とは, 保育者や周囲の子どもにとっての問題であり, 発達の遅れや障害のある子ども側からすると, その行動には何らかの意味や機能をもっている場合もあります. 保育者はこのような視点をもち, 子どもを理解することが求められます.

　ここでは, 実際の保育場面で出会った, 障害やその特性のある子どもの行動を思い出し, その行動がどのような場面・状況で起きたのか, 行動の結果何が起こったか, 行動のもつ意味は何か, その行動に対して保育者はどうしたらよいかを考えてみましょう. 子どもの行動からその背景要因を推測し, 手立てを考え, 実行してその効果を検証する, という営みは, 実際の保育の場面で絶え間なく行われています. いろいろな意見を出し合ってみましょう.

Discussion Point

▶ 具体的な保育場面でみた, 子どもの問題行動は?

▶ その行動はどんな意味や機能があるか?

▶ 保育者のサポートや環境設定の工夫は?

▶ 他の子どもの反応や受けとめはどうだったか?

して，一般的な子どもにみられるような愛着行動を示さない子どももいる．この場合，愛着形成や親子間の相互交渉が困難になりがちであるため，ふれあい遊びで触覚を通して親という存在を意識させ，抱っこや触れられることに慣れ，親との愛着関係が育まれるよう促していくとよい．

- 水遊び，砂遊び，ブランコや滑り台など感覚で楽しむ遊びは，感覚器官が刺激を受け，それが身体の中に取り込まれることで発達を促す．たとえば，ブランコでは揺れやスピードが前庭感覚（身体の動きや傾き，スピードを感じる感覚）を刺激し，握っている手や漕いでいる足の筋肉の動きが刺激として固有感覚（手足の状態，筋肉の収縮や関節の動きを感じる）に入る，という現象が起きる．前庭感覚や固有感覚は次々入ってくる感覚を整理する作業である感覚統合において重要な働きをしており，これらが育つことで情緒面，行動面，学習面，コミュニケーションなどで起きている不適応行動の改善に役立つと考えられている．

- 遊びを通して「できた」「楽しい」という成功体験や快の感情の経験を積み重ねていくと，自己肯定感を育て関心や意欲を引き出すことができる．

- 障害のある子どもは同年齢集団のなかではできないことが多かったり，失敗を経験する機会が多かったりするなど，集団参加や活動への意欲が低下し自信を失いがちである．その子どもの好きな遊びをたくさん見つけて，自分から遊具や他者などの環境にかかわっていく主体的・能動的な体験こそ大切である．

◉ 文献
- 堂山亞希．障害児者福祉と医療的な支援．編著：橋本創一，三浦巧也ら『教職課程コアカリキュラム対応版　キーワードで読み解く特別支援教育・障害者保育＆教育相談・生徒指導・キャリア教育』福村出版．2020．p.30-8.
- 林安紀子，橋本創一『障害児の早期発見とスクリーニング・アセスメント』アローウィン．2016.
- 厚生労働省『軽度発達障害児に対する気づきと支援のマニュアル』2007．https://www.mhlw.go.jp/bunya/kodomo/boshi-hoken07/（最終閲覧：2022年5月）
- 厚生労働省『児童発達支援ガイドライン』2017．https://www.mhlw.go.jp/file/06-Seisakujouhou-12200000-Shakaiengokyokushougaihokenfukushibu/0000171670.pdf（最終閲覧：2022年5月）
- 文部科学省『幼稚園教育要領解説〈平成30年3月〉』フレーベル館．2018.

◉ 学びを深めるための参考図書
- American Psychiatric Association：Diagnostic and Statistical Manual Disorders, 5th ed.（DSM-5）. American Psychiatric Association. 2013.〔日本語版用語監修：日本精神神経学会，監訳：高橋三郎，大野　裕『DSM-5精神疾患の診断・統計マニュアル』医学書院．2014.〕
- 安倍陽子，幸田　栄，監修：佐々木正美『発達障害の子ものびのび暮らせる生活サポートブック 幼児編』すばる舎．2012.
- 市川奈緒子『MINERVA保育士等キャリアアップ研修テキスト3 障害児保育』ミネルヴァ書房．2020.
- 小橋拓真，小山内あかねら，監修：小橋明子『障がい児保育』中山書店．2019.
- 渡邉貴裕，橋本創一ら『特別支援学校・特別支援学級・通級による指導・通常の学級による支援対応版知的障害/発達障害/情緒障害の教育支援ミニマムエッセンス—心理・生理・病理，カリキュラム，指導・支援法』福村出版．2021.

15

乳幼児期の子どもをもつ保護者を支える

学習のポイント

1. 子育てを行う保護者を支える保育者の役割について理解できるようになる.
2. 保育所や幼稚園が行う具体的な保護者理解の方法を知り,関連機関と連携しながら支える専門職であることを理解できるようになる.
3. 保護者の子育てをサポートするために必要な基本的態度,カウンセリングマインドを理解し,実践に役立てることができる.

① 保育における子育て支援

▶ 子育て支援とは

- 少子化・核家族化が進む現代では,親族など子育てに関する相談ができる相手が身近にいなかったり,どのように子どもを育てたらいいのか,体験的に知る機会が少なかったりする.

- 一方で,インターネットやTV,雑誌をはじめとするメディアでは,子育てに関する情報があふれており,そのなかには真実ではない情報や相反する複数の説があるなど,情報を正しく得て活用するのは難しい.多くの保護者は,多かれ少なかれ子育てに関する悩みや不安を抱えながら子育てしているため,保護者にとって保育者は身近な心強い味方である.

厚生労働省編『保育所保育指針解説 平成30年3月』フレーベル館,2018.

- 保育所保育指針(厚生労働省,2017)にも保護者の子育て支援の重要性が明記されており,保育者は子どもの最善の利益を考慮して保護者への支援を行う必要がある.保護者の抱える問題に対して支援することは,親子関係の改善や保護者の心の安定,養育行動のよい変化につながりうる大切なものであり,ひいては子どもの発達を促進していくことにもなる.

- 保育において,わが子の成長を願う保護者と,一人ひとりの子どもの成長を願う保育者が協力し合って子どもを育て,その成長を喜びあうことが積み重なって信頼関係が築かれる.しかし,こうした信頼関係は簡単に築かれるものではない.保育における信頼関係の構築の難しさの要因の一つに「保育者

と保護者の立場の違い」と「性格や価値観の違い」がある（江玉，2021）．このような違いを乗り越えるためには，たとえば，送迎時の雑談や連絡帳など日々のコミュニケーションを大切にしたり，保護者のさまざまな背景を理解しながら，子育てに関する思いや考えに寄り添い，関係を構築していくことが重要である．

江玉睦美．第3章保護者への対応―子育て支援の視点から．編集：小田豊，秋田喜代美『子どもの理解と保育・教育相談 第2版』みらい．2021．

- 子育て支援を行うにあたって，親と子どもとの関係を構築するという視点をもつことは大変重要である．子どもの養育責任は第一義的に保護者にあり，保護者が主体性をもって子育てするのを支えるのが保育者の役割である．一方的に正しい保育論や子育て論を述べ保護者を指導するような関わりは，保護者の自信を失わせ，子育てへの意欲を低下させてしまうこともある．保育者は保護者に教え導く立場ではなく，共に考え協力しあう仲間であるととらえることが大切である．

- また，保育と子育ては似ているようで違う．保育は計画的かつ意図的になされるものであり，保育の専門家である保育者はねらいをもって子どもと関わっている．しかし，子育ては家庭の生活の一部である．保護者は仕事や家事をしながら子育てを行っており，時間や心の余裕も家庭ごとに，またその時々で違う．そのため，保護者の立場に立った助言が必要となる．

- 子どものみならず保護者の発達課題，また，子ども間，保護者間のトラブル，園と保護者の子育てに関する考え方や方法の違いなど，子育てのなかで生じる園でのさまざまな課題について，保育者が子どもと保護者等と関わりながら，ふさわしい支援方法を見立てていくことが大切である．しかし，子どもにとって望ましいことと，保護者の要求や考えとの間で葛藤が生じるなど，見立てを共有することが難しくなることもある．しかし，子どもを育てるということの難しさや，それに伴う問題を保護者とともに引き受け，そこで生じた葛藤やジレンマの解決の糸口を見つけていくことも，保育者に求められる専門性である．

- 保護者への助言内容も，保護者が選択できるよういくつか方法を提示したり，やり方や段取りを具体的に伝えたり，保護者自身が子どもへの思いをもち判断しながら子育てできるよう働きかけることが望まれる．保護者が自らの養育力を高めていけるよう支え，喜びを感じながら子育てを行っていけるよう支援していくことが重要である．

▶ 子育てに関する相談機関との連携

- 子どもの発達や子育てに関して，専門的なアセスメントや支援が必要な場合や，保護者自身が病気や貧困など子育てを行うには困難な状況にある場合

は，園による支援だけでは問題の解決に至らないことがあり，家庭のなかに入り込み，多角的・継続的に対応していく必要がある.

- このような場合には，児童相談所や児童家庭支援センター，児童発達支援センター，特別支援学校の相談部門など子どもに関する相談ができる専門機関（図1）につなげたり，地域も含めて連携していくことも保育者の役割である．園と複数機関が連携することで保護者と子どもへの支援の幅が広がっていく．

図1｜保育者が連携する関連機関

保健・医療機関	児童福祉法に基づく相談機関
・保健所 ・市町村保健センター ・園院や近隣の医療機関 　　　　　　　　　　など	・児童発達支援センター* ・児童発達支援事業所 ・児童家庭支援センター* ・児童相談所* ・発達障害者支援センター　など

教育	地域
・特別支援学級（幼稚部） ・小学校 ・特別支援学校（支援学級）* 　　　　　　　　　　など	・町内会 ・民生委員や児童委員 　　　　　　　　　　など

＊：保護者が子育てについて相談できる具体的な機関

児童家庭支援センター	子ども，家庭，地域住民等からの相談に応じ，必要な助言，指導を行う．児童相談所，児童福祉施設など，関係する機関の連絡調整も行う．
児童相談所	18歳未満の児童に関するあらゆる問題について，児童や保護者等からの相談に応じ，児童の利益を図るための援助や指導を行う．
児童発達支援センター	発達や特別な配慮を要する子どもの支援に関する相談に応じている発達支援や保育所等訪問支援などの機能をもつ．
特別支援学校	特別支援教育や障害などに関する相談・情報提供や乳幼児期の子どもを対象とした早期からの教育相談を行う．

（参考：笠師千恵，小橋明子『相談援助 保育相談支援』中山書店．2014．厚生労働省『児童発達支援ガイドライン』2017．）

保護者を支える具体的な支援方法

▶ 保護者を理解する

- 保育現場では，「不適切な養育態度をとる保護者」「育児不安・ストレスが高い保護者」「発達障害など子どもの気になる行動に気づいていない・認めたくない保護者」「精神的な問題を有する保護者」「過度のクレームをする保護者」など，保護者の対応・支援に困難を抱えている（重田，2007；大豆生田，2008；藤後ら，2010）.

- このような保護者の姿は，「困った保護者」「気になる保護者」として受け止めてしまいがちである．しかし，こうした保護者の行動や態度の背景には，何らかの事情や思いがある．保育者は，保護者の背景に目を向け，家庭の状況や保護者の思いを推し量ってみることが，保護者の心に寄り添うための第一歩である．たとえば，不適切な養育態度をとる保護者の背景には，家庭の厳しい経済状況や保護者自身の疲労や精神的な余裕のなさがある．また，過度のクレームをする保護者は大きな不安を抱えていたり，子どもの安全や健康に対して細心の注意を払ってほしいという願いを強くもっていたりする．まずは保護者の話をじっくり聞き，そのなかで保護者の思いや家族のおかれた状況を探ることが大切である．そのうえで保護者が今抱えている問題を把握し，協力して子どもを育てていくための見立てを立てることが必要である．保護者対応の基本は保護者理解であり，保護者の困難さを受け止めながら，必要なときはいつでも支援するという保育者の保護者に対する開かれた姿勢が求められる.

- 保護者の相談に応じる際，後述するカウンセリングマインドを身につけておくことが望ましい．加えて保育者の専門性である子どもと関わるための技法，子どもの発達に関する知識，発達の課題に応じた支援方法を知っていることも基本である．同僚と連携・協力するなかで，保護者対応の知識や相談事例への対応方法など，経験を通して蓄積していくことが望まれる.

▶ ペアレントトレーニング

- 子どもへの対応を考えるにあたり，迷いや悩みを抱える保護者は多い．育児書やメディアでは，「褒めて育てよう」「強い叱責は子どもの心に悪影響を与える」という情報と，「褒めると子どもはだめになる」「きちんと叱ってしつけねばならない」という情報が混在しており，社会のなかでも子育てについ

重田博正『保育士のメンタルヘルス─生きいきした保育をしたい！』かもがわ出版，2007.

大豆生田啓友，幼稚園・保育所における親とのかかわりに関する調査：種別の違いに着目して　関東学院大学人間環境学会紀要9，2008，p51-66.

藤後悦子，坪井寿子ら，保育園における「気になる保護者」の現状と支援の課題：足立区内の保育園を対象として（地域に根差した保育支援：個と集団の発達を踏まえて）東京未来大学研究紀要3，2010，p.85-95.

ての考えはさまざまである.

- 子どもの行動には，大人から見て適切な行動と不適切な行動が含まれている．ある場面では適切に，しかし別の場面では不適切な行動をとる，ということは起こりうるものであり，そうした行動に対して保護者や保育者はその都度子どもの心情や状況を汲み取りながら，子どもの発達にふさわしい言葉をかける関わりを行っている.

- 大人の関わりは常に正しく最善であるわけではなく，ときには子どもの行動がさらに不適切な方向に変化したり，関係が悪化したりすることがある．特に保護者は子育てや保育に関する専門的知識をもっているわけではなく，それぞれの価値観や経験をもとに子育てを行う場合が多いため，子育てに行き詰まってしまい，緊張した親子関係に陥り解決の糸口も見つからない場合がある.

- そのような保護者に対して行われる集団心理療法の一つに，ペアレントトレーニングという技法がある．これは，行動分析などの心理学的理論をもとに構成されたプログラムであり，米国でADHDや自閉スペクトラム症，軽度の知的障害のある子ども，または障害ではないが反抗的で指示が通りにくい子どもたちの親を対象にして行われたものが，広く一般に活用されるようになったものである.

- ペアレントトレーニングで最重要視されていることは，親子関係の悪循環をプラスの親子関係へ転換するということである．ある子どもの行動が周りの人から見て問題行動ととらえられると，多くの場合は注意や叱責，批判をうける．それが積み重なると，子ども自身は認めてもらえないという感じをもち，それが自信の喪失や意欲の低下，反抗的な態度につながる．この様子をみて，関わる大人たちはイライラし，うまくいかないと落ち込み，子どもとの関係は緊張感のある険悪なものになっていく．それがさらに子どもの問題行動を引き起こしやすい状態を生む.

- このようになると，事態はなかなか好転せず，親子関係が緊張した，不穏なものになりかねない．これをペアレントトレーニングの考え方で転換させていくと，図2のようになる.

- 問題行動だけではなく，子どもの行動を客観的に観察し，特に好ましい行動に注目をしていくと，褒める・認める機会が増え，子どもは達成感を感じるようになる．結果，好ましい行動が増え，問題行動が減っていく．これを積み重ねていくと，子どもの意欲は高まり，自信も生まれてくる．このような変化に気づいた保護者や保育者は，子どもとの関わり方は正しいと判断でき，対応方法に自信が生まれ余裕をもって接することができるようになる.

- このように，問題行動が目立つ子ども側に原因を求めるだけではなく，大人

図2｜ペアレントトレーニングの流れ

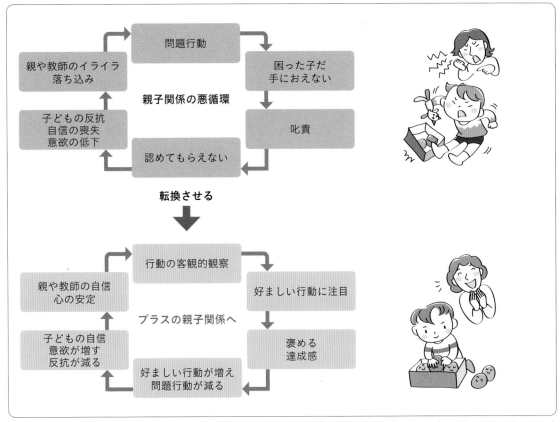

（岩坂英巳. 家族を支援する. 編集：田中 康雄. 発達障害の理解と支援を考える. 臨床心理学. 2010：10. 141-7.）

側の言葉かけスキルや，言葉をかけるタイミングを見計らうこと，子どもの自己肯定感を損なわずに叱るスキルを高めるなど，大人の関わりを見直すことも重要である．

- 子どもと親の関係が悪循環になっている現状を把握したり，子どもにかける言葉かけの方法を提供することは，親子関係を改善していくことにもなる．保育者は，保護者に対して「こんな方法があります」「こんな考え方もできます」と情報や選択肢を示し，保護者自身の考えるプロセスに寄り添い，自己決定を支持することで養育力の向上を支えることができる．

▶ カウンセリングマインド

- カウンセリングとは，「言語的および非言語的コミュニケーションを通して行動の変容を試みる人間関係」（國分，1996）である．カウンセリングは，問題を抱える人に対して答えやアドバイスを与えるのではなく，相談者自身が

國分康孝『カウンセリングの原理』誠信書房. 1996.

自分で考え，行動する過程に寄り添い，本人の自己決定を支えるものである．

- カウンセリングを通して，カウンセラーは相談者の話を聞き取り，投げ返し，思考を深める援助をする．また，解決法を考え，本人が選択，実行するための手助けを行う．この過程はあくまでも本人の意志や希望，決定を尊重したものである．

- 保育における保護者相談では，問題に対して，実践的なアドバイスや具体的な解決方法を求められることも多く，本来のカウンセリングとは異なる部分もあるが，保護者が主体的に考え行動するのを手助けするという点では共通しており，カウンセリング理論や技法は保育の場においても重要な援助方法の一つである．

- 保育者が子どもやその保護者と関わるうえで基本となるカウンセリングマインドは，カウンセリング的な方法や態度を指す意味合いで使われることが多い．

- カウンセリングマインドには，現在のカウンセリングの基礎を作ったロジャーズ（Rogers, C.R.）の来談者中心療法におけるカウンセラーのあるべき態度

表1│カウンセリングの基本姿勢

自己一致（純粋性）	聞き手自身が心理的に安定していて，ありのままの自分を受け入れていること．防衛的になったり虚勢を張ったりすることなく素直な気持ちと態度で話し手に向き合っていることが必要である．たとえば相手が話していることが自分にとっては受け入れ難い嫌悪感を催すようなことだったとしよう．そのときに自分が感じた嫌だという気持ちに気づき，自分は今この話を聞いて嫌だと感じているなと評価せずに受け入れられることが自己一致している状態である．
無条件の肯定的関心（受容）	相談者が訴えている内容や感情行動をカウンセラーの価値観などを交えず無条件に受け入れること．これは相手を尊重するという思いの表れであり，ありのままの自分を受け入れられたと実感できた相談者は自由に自分を表現できるようになるとされる．たとえば相談者の話したことについて，これは悪いことだとかそれは許されないなどと自分の価値観で判断して受け入れないことは，相手にとって否定されたということになり，「ありのままのあなたではだめ」というメッセージにもなりうる．話された内容がどのような内容であっても，「この人はそういう風に思ったんだな，それはどうしてなんだろう．」というように，相手の思考，感情，行動を価値付けせず無条件に受け入れることで相手も自分もありのままでいることができる．
共感的理解	相手の立場に立って物事を見ることである．「今ここ，この瞬間」の相談者をあたかも自分自身のように感じる．相談者の訴えや感情を自分のことのように感じて理解しそれを正確に伝えることができたとき，相談者は自分の内面について深く理解してもらえたと感じ，より自由に自分の内面を見つめることができるとされている．そのとき，「自分だったらこうは感じないだろう」という主観から一歩離れ，この人だったらこのような感じ方をするだろうなという風にあたかもその人であるかのように感じようとすることが大切である．

（ロジャーズ CR. 編訳：伊藤博『ロージァズ全集〈第8巻〉パースナリティ理論』岩崎学術出版社．1967.）

である「自己一致（純粋性）」「無条件の肯定的関心（受容）」「共感的理解」の3条件が含まれている（表1）.

- このような基本的態度の効用として，諸富（1999）は，「自分のありのままが本当に大切にされ，認められ，受け入れられる関係が築かれるならば，その時，内なる＜いのち＞の働きがおのずと活性化し発揮され，新たな気づきを生じて建設的な人格変化がもたらされる」と説明している．子どもやその保護者が，保育者のこのような態度によって，自分自身のありのままを受け止めてもらえたと感じると，新たな自己理解や問題解決の糸口が見つかると考えられる.

諸富祥彦．編著：弘中正美，宮下一博ら『子どもの心理臨床』北樹出版．1999．p52-65.

- 保護者相談においては，保護者の言うことをひたすら聞いて受容・共感していけばよい，というわけではない．保育者自身が，一人の人間として自分の感情や考えにオープンで正直であること，つまり自己一致が重要である．自分自身の気持ちに正直であることは，特に関係のなかで否定的な感情が起こ

図2 | 「カウンセラーのあるべき態度と望ましくない態度」の具体例

ってきたときに重要となる．相手と接していて，自分のなかに嫌な感じや苦手な感じがわいてきた際，なぜそう感じたのかをよく考えてみると，それまで見えなかった相手の状況が見えてくることがある．

- たとえば，自分自身が外向的で明るい性格だと自覚している保育者が，ある保護者と関わっていて苦手だなと感じた際，その保護者は内向的でネガティブな物事の見方をする傾向があると気が付くかもしれない．しかしそうした性格や認知傾向は，その保護者のおかれている境遇や生育環境，子どもとの関係などが背景にあり形成されたものかもしれない．いずれにしても，先述の3つの基本的態度に通底しているのは真剣に相手の話に耳を傾ける（傾聴）という態度である．相手のペースを尊重し，その語りをしっかりと受け止めるということが非常に重要である．

話し合ってみよう

保護者と信頼関係を築くために

　保護者への支援には，日常的な関わりのなかで時間をかけて作られる信頼関係が大切です．信頼関係ができていない相手に自分の子どもを預けるのは不安で，ましてや援助要求を出したり，相談を持ち掛けたりすることはほとんどないでしょう．実際に，子どもを保育所や幼稚園に預けはじめた4月など，保育が始まったばかりの時期，保護者は多くの不安を抱えています．保育者は，日常の保育のなかで，どのような工夫をして，保護者との信頼関係を築いていくのでしょうか．一日の流れや年間行事などを思い浮かべ，話し合ってみましょう．保育者の働きかけや態度，保育環境，場面設定などを含め，気づいたことを共有してみてください．

Discussion Point

▶保育所・幼稚園に預け始めたばかりの保護者の気持ちは？

▶信頼される保育者とは？

▶保護者と関係づくりをできる機会はどのようなものがあるか？

[Note]

褒めるときには100%で

　褒めるというと，子どもができなかったことができるようになるなど，特別なことをしたときにすることと思いがちであるが，子どもが適応的な行動をしたときに褒めることもできる．伝えたことをすぐに行動に移したり，適切な状態を保っているときなどに褒めることは，「見ていてもらえる」「認めてもらえた」という気持ちをもつことができる．そのほか，最後まで完遂できなくても途中まで頑張れたことや部分的に良かったところを褒めることも，次に意欲をつなぐという意味では効果的である．

　それまでできなかったことができるようになったときに褒めたあとに，余計なひと言を加えてせっかくの褒め言葉を台無しにすることがある．また，つい言いがちな，「やればできるじゃない」という言葉は，大人は褒めたつもりでも，裏を返せば「今までやらなかっただけでしょ」と，これまでの努力の過程を評価していないことにつながる．さらに，「片付けできたの，偉いね」に続けて，「次は言われなくてもできるようになってね」「いつもこうだといいんだけど」といった，ネガティブな表現を付け加えることで，褒め言葉を打消してしまうこともある．

　この余計な一言は，子どもの受け止め方によっては，褒められたことよりも親に認めてもらえなかった気持ちから，自信ややる気を無くすことにつながる．褒め言葉をかけた後，他人と比較したり，すかさず次の課題を与えたりするのも同様である．大人は，子どもの頑張る姿に喜び，さらなる頑張りを期待する言葉をかけたとしても，子どもにとってはマイナスのイメージで受け止めてしまうこともある．子どもの適応的な行動やポジティブな行動に対しては，具体的にとった行動を子どもに言葉でフィードバックし，笑顔とともに，「褒め100%」の言葉を届けてあげてほしい．

◉ 文献

- 江玉睦美．第3章保護者への対応─子育て支援の視点から．編集：小田豊，秋田喜代美『子どもの理解と保育・教育相談 第2版』みらい．2021.
- 岩坂英巳．家族を支援する．編集：田中 康雄．発達障害の理解と支援を考える．臨床心理学．2010：10．141-7.
- 笠師千恵，小橋明子『相談援助 保育相談支援』中山書店．2014．p96.
- 國分康孝『カウンセリングの原理』誠信書房．1996.
- 厚生労働省『児童発達支援ガイドライン』2017．（最終閲覧：2022年4月）https://www.mhlw.go.jp/file/06-Seisakujouhou-12200000-Shakaiengokyokushougaihokenfukushibu/0000171670.pdf
- 厚生労働省編『保育所保育指針解説　平成30年3月』フレーベル館．2018.
- 諸富祥彦．編著：弘中正美，宮下一博ら『子どもの心理臨床』北樹出版．1999．p52-65.
- 大豆生田啓友．幼稚園・保育所における親とのかかわりに関する調査：種別の違いに着目して　関東学院大学人間環境学会紀要9．2008．p51-66.
- ロジャーズ CR．編訳：伊藤博『ロージャズ全集〈第8巻〉パースナリティ理論』岩崎学術出版社．1967.
- 重田博正『保育士のメンタルヘルス─生きいきした保育をしたい！』かもがわ出版．2007.
- 藤後悦子，坪井寿子ら．保育園における「気になる保護者」の現状と支援の課題：足立区内の保育園を対象として（地域に根差した保育支援：個と集団の発達を踏まえて）東京未来大学研究紀要3，2010．pp85-95.

◉ 学びを深めるための参考図書

- シンシア・ウィッタム．訳：上林靖子，中田洋二郎『読んで学べる ADHDのペアレントトレーニング──むずかしい子にやさしい子育て』明石書店．2002.
- 今井和子編著，大須賀裕子，小野崎佳代子著『0・1・2歳児の世界⑤ 家庭との連携と子育ての支援』トロル．2018.
- 小野崎佳代，石井幸美編著『MINERVA保育士等キャリアアップ研修テキスト⑥保護者支援・子育て支援』ミネルヴァ書房．2020.
- 上野良樹，金沢こども医療福祉センター・作業療法チーム『発達障害の早期療育とペアレント・トレーニング ─親も保育士も，いつでもはじめられる・すぐに使える─』ぶどう社．2021.

ここからが はじまり （本当の）

　保育の心理学を学んでみてどう感じただろうか．「意外と難しい」「こんなに学ぶことがあるのか」と，気持ちが滅入ってしまった読者もいるかもしれない．「子どもの気持ちに寄り添いたい」と思って心理学を勉強していた人は，学んでいくうちに生半な気持ちでいた自分を恥じているかもしれない．そもそも，他者に寄り添うには相当の覚悟が必要である．途中で嫌になっても決して投げ出してはいけない．人と関わる，対人援助職に就く，ということは覚悟が必要である．子どもも多様であるし，親もまたさまざまな悩みや困りごとを抱えている．保育現場は多忙で，特に保護者と関わる機会は極めて多い．ときには保護者の要求に対して理不尽と思うこともあるだろう．決してあってはならないが，保育者のミスによって幼児が死亡したといった事例も存在する．医療者と同様，保育者はまさに命と心を預かる仕事である．保育は必ずしも楽な仕事ではないし，責任は非常に重い．厳しいことを申し上げているが，現実であり，事実である．つまり，現実は現実として受け止め，新しい情報や技術を吸収し，常に学び続けて欲しい．特別な配慮を要する幼児や外国籍の幼児への対応など，保育現場では新たな課題が増え，UNESCOの「国際セクシュアリティ教育ガイダンス」では，性教育は5歳から始めることが推奨されている．保育において，新しく学ぶべきこと，やるべきことはどんどん増えている．まさに，学びはこれから始まったばかりであり，終わりはない．人と関わる仕事に就く以上は，一生学び続けなければいけない．

　改めて，保育者の専門性というものを自身で厳しく問うてほしい．もしあなたが新人保育者として保護者と関わったときに「先生は子どもを育てたことがないから，子育てわからないでしょ？」と言われたら，どう答えるだろうか．専門職として，自信をもって保護者に自分の考えを伝えられるだろうか．「子どもが好き」だから保育士になる．この動機はよいと思うし，好きでなければ務まらない仕事であるので，必須の条件でもある．だが，単に好きでは困る．保育者の誰もが最初は自信がないだろうが，保育の専門性を身につけた「専門職としての矜持」をもって子どもや親と関わってほしい．

厳しい現実がある一方で，保育は本当にやりがいのある仕事である，と私は心から思う．これほど笑顔があふれる職場は，保育の現場をおいてまずない．子どもの成長に関われることがどんなに素晴らしく，楽しいことか．先程私が子どもを幼稚園に送りに行ったときに，昨日の息子が洋服を畳んだときのエピソードを聞かせてくれた．「ママびっくりするかも」と息子が言って喜んでいた，と幼稚園の先生から聞いたときに，周囲にいた職員と私，皆で「かわいい」と思わず黄色い声を発した．こういう成長した子どもの姿をともに分かち合えるのは，なんと嬉しく気分のよいことか．

　近いうちに「先生大好き」と言って，あなたに抱きついてくる子どもができるだろう．現場で子どもと関わる姿をあれこれ想像して欲しい．保育は本当に素晴らしいと思えるはずだ．

編者を代表して　片桐正敏

索 引

中山書店の出版物に関する情報は，小社サポートページを御覧ください.
https://www.nakayamashoten.jp/support.html

保育の心理学
育ってほしい10の姿

2022年7月1日　初版　第1刷発行 ©

〔検印省略〕

編　集 —— 片桐正敏　藤本　愉　川口めぐみ

発行者 —— 平田　直

発行所 —— 株式会社 中山書店
　　　　　〒112-0006　東京都文京区小日向4-2-6
　　　　　TEL 03-3813-1100（代表）　振替 00130-5-196565
　　　　　https://www.nakayamashoten.jp/

本文デザイン— ビーコム

装　丁 —— ビーコム

イラスト—— 市村玲子

印刷・製本— 三報社印刷株式会社

Published by Nakayama Shoten Co., Ltd.　　　　　Printed in Japan
ISBN　978-4-521-74962-4
落丁・乱丁の場合はお取り替え致します

『保育の心理学』

目標

1. 保育実践に関わる発達理論等の心理学的知識を踏まえ，発達を捉える視点について理解する．

2. 子どもの発達に関わる心理学の基礎を習得し，養護及び教育の一体性や発達に即した援助の基本となる子どもへの理解を深める．

3. 乳幼児期の子どもの学びの過程や特性について基礎的な知識を習得し，保育における人との相互的関わりや体験，環境の意義を理解する．

（厚生労働省．保育士養成課程を構成する各教科目の目標及び教授内容について．より抜粋）